ESPAÑA

ESPAÑA
Lecturas interculturales

Julio López-Arias
Ithaca College

Debra A. Castillo
Cornell University

WAVELAND PRESS, INC.
Prospect Heights, Illinois

For information about this book, contact:
Waveland Press, Inc.
P. O. Box 400
Prospect Heights, Illinois 60070
(847) 634-0081
www.waveland.com

Copyright © 2003 by Waveland Press, Inc.

ISBN 1-57766-253-9

All rights reserved. No part of this book may be reproduced, stored in a retrieval system, or transmitted in any form or by any means without permission in writing from the publisher.

Printed in the United States of America

7 6 5 4 3 2 1

To Diego Julio López and Andrés B. López.
—*Julio López-Arias*

To Carlos and Melissa Castillo.
—*Debra A. Castillo*

Índice

Introduction 1

1 El Senado exige que los fabricantes adapten 3
las tallas a la complexión de las españolas

2 España es el país con la menor tasa de 8
fecundidad del mundo, según el INE

3 Un informe del Congreso revela que el 95% de 19
la población chabolista de España es gitana

4 El Constitucional dice que basta una negativa 26
de la víctima para que haya acoso sexual

5 El Gobierno español acepta cada 34
año sólo 30.000 inmigrantes

6 La SGAE certifica que la mitad de 43
los españoles nunca lee ni va al cine

7 El consumo de drogas disminuye desde 1997, 49
pero crece el hábito de mezclar sustancias

8 La píldora abortiva se distribuirá 60
en España a partir de hoy

9	Un tercio de los inmigrantes legales de España sufre el rechazo xenófobo al buscar trabajo	65
10	El interés por el español despega en Europa	71
11	Los expertos reunidos en Madrid igualan prostitución y esclavitud	76
12	España pasa de ser el país más igualitario de la UE a ocupar el octavo puesto, según la ONU	83
13	"Gays" y lesbianas pulsan la supuesta tolerancia española	92
14	El CES denuncia que las mujeres disponen de menos protección social que los hombres	100
15	Las mujeres ganan en España un 26% menos que los hombres	106
16	Cuatro propuestas de la oposición reabren el debate parlamentario sobre parejas de hecho	110
17	Los obispos presionan al Gobierno para que la clase de religión sea evaluable	117
18	Fracasa el plan contra los malos tratos	124
19	Sanidad atribuye el descenso del SIDA a los nuevos fármacos y la prevención	134
20	Un estudio revela que la salud de las españolas de rentas bajas empeora	140
21	Los maestros enferman en las aulas	146
22	"Lo queremos todo"	157
23	Los hogares españoles son de los más deficientes y peor equipados de la UE	164
24	La mitad de los españoles cree que la sociedad es "bastante" racista	170
25	Los obispos califican de abortiva la píldora del "día después", en contra de la OMS	176

Introduction

At the turn of the twenty-first century, Spain is undergoing rapid changes on all fronts: social, political, and psychological. These changes naturally provoke fierce and often polemical debates, the most important of which are given ample coverage in the pages of the Spanish newspapers and other media.

This book is aimed at intermediate-level Spanish students as a supplement to other course material. It offers samples of contemporary news articles on controversial issues from Spain's premier newspaper, *El País*. Students will find themselves revisiting many familiar issues that have been hot-button concerns in the United States as well, but are presented in this reader filtered through the defamiliarizing lens of another culture. Such topics include: illegal immigrants, ethnic minorities, sexual harassment, women's rights, abortion, gay marriage, how to address drug abuse problems, divorce legislation, the role of religion in modern society, media influence on body image, the state of the family, and changing expectations about standards of living. As the student reads through the book, the kaleidoscope of articles offers insights into the status of crucial social concerns in today's Spain and implicitly suggests a coherent vision of this important European country.

Each chapter includes a recent article from *El País* followed by a selection of excerpts from related articles that broaden the context of the main topic. Translations of selected vocabulary words are provided on a chapter-by-chapter basis. Two sets of questions follow. The first set is aimed at testing students' comprehension of the article and supplementary materials; the second set fosters discussion of more general concerns that reach beyond the specific texts, often highlighting the cross-cultural comparisons that will naturally occur to the student. There are numerous connections between various articles that may suggest potential dialogues, but the book does not make these connections artificially. Instead, the articles are ordered by original date of publication in order to allow the students and instructors maximum flexibility.

While the material in this book emphasizes the exploration of contemporary social issues rather than grammatical issues, instructors can easily utilize the many excellent examples of native language to illustrate usage and grammar as they naturally occur in the articles. The questions, which highlight pertinent information presented in the articles, also serve as models for using the language in a non-prescriptive fashion.

Students are encouraged to go beyond the samples in this text and explore the increasingly rich possibilities for supplementary reading on the Internet. Students who make frequent visits to the website for *El País* (http://www.elpais.es) can easily keep up with Spain's daily news. A search engine can provide links to many other Spanish newspapers and a variety of other relevant cultural materials, as well as print magazines, radio, and television.

I

El Senado exige que los fabricantes adapten las tallas a la complexión de las españolas

El dictamen sobre la anorexia critica la utilización de menores para exhibir ropa de adultos

Amaya Iríbar, Madrid, 26 noviembre 1999

El Senado aportó ayer sus armas para luchar contra la anorexia y la bulimia. Después de siete meses estudiando estos trastornos, la Comisión de Educación y Cultura llegó ayer a la conclusión de que atajar eficazmente un problema que afecta cada día a más jóvenes españolas exige que éstas encuentren ropa de su talla en las tiendas. Por eso piden a los fabricantes que ofrezcan una variedad de tallas "acorde a la población". Ésta es sólo una de las medidas recogidas en el informe, que apuesta porque los cambios sean asumidos por los propios implicados y no impuestos por una ley.

La anorexia es una enfermedad sobre todo femenina. Afecta a entre un 0,5% y un 1% de las mujeres de 16 a 40 años, y sobre todo a las jóvenes de hasta 25 años, según los datos aportados por el médico Serafín de Abajo a los senadores. Con estos datos en la mano, un grupo de ellos ha estudiado desde abril los trastornos alimentarios. Para paliar los efectos de la anorexia y la bulimia y, sobre todo, evitar que éstas se extiendan, los senadores piden un pacto social en el que deberían implicarse cinco ministerios —Educación y

Cultura, Sanidad y Consumo, Trabajo y Asuntos Sociales, Economía y Hacienda y Fomento— y que exige el compromiso firme de los sectores implicados para garantizar las siguientes medidas:

- Tallas. Las tiendas de ropa deberán garantizar una amplia variedad de tallas, de tal forma que ningún ciudadano, pese lo que pese, tenga problemas para encontrar la suya. Para ello debe llevarse a cabo un estudio antropométrico que permita saber la distribución red de medidas de los españoles, y también homologar de forma "urgente" el sistema de tallas. Este estudio ya está en marcha en la mesa sectorial creada por el Ministerio de Sanidad sobre los trastornos alimentarios.

  El informe recomienda también que las tiendas de ropa no seleccionen a su personal en función de su bajo peso o su belleza, y que se comprometan a no despedir a sus trabajadores por las razones contrarias.

- Moda y publicidad. Los senadores recomiendan a la industria de la moda que evite emplear a menores de 18 años para exhibir ropa de adultos en las pasarelas, que los publicistas aprueben medidas de autocontrol para impedir los mensajes e imágenes que fomenten la extrema delgadez y que, junto a los diseñadores de moda, se esfuercen por emplear una imagen de la mujer "más acorde con la realidad".

- Dietas. Las revistas dirigidas a un público adolescente no deberán incluir regímenes para adelgazar. Las destinadas a adultos que decidan hacerlo, deberán incluirlas en las secciones de salud e identificar al médico que defiende esa dieta. La normativa sobre productos milagro, que prometen adelgazar rápidamente, y sobre publicidad engañosa debe ser aplicada de forma "rigurosa". Existe un decreto que prohibe estos productos y, desde su aprobación hace tres años, el Ministerio de Sanidad y Consumo ha impedido vender o emitir publicidad de más de 100 de estos falsos medicamentos.

- Educación. La educación es la forma más efectiva de prevenir la anorexia. Por eso el informe propone reforzar los proyectos de Educación para la Salud, una asignatura transversal —se imparte dentro de otras tradicionales, como Ciencias Naturales o Educación Física— en los planes de estudios; reforzar la formación de los profesores en este ámbito y la orientación psicopedagógica y de los tutores.

  Los colegios tendrían también que controlar el menú que dan a sus alumnos, que, en algunos casos, no es equilibrado.

- Ayudas a las familias. El Gobierno tiene la obligación de ayudar a las familias financiando y suministrando apoyo técnico a las asociaciones que trabajan con ellas, como Adaner o la Asociación contra la Anorexia y la Bulimia, y favoreciendo la creación de grupos de autoayuda dirigidos a los jóvenes mayores de 16 años.

- Deporte y danza. Estos ámbitos "de alto riesgo" son los únicos para los cuales el informe propone cambios legislativos. Hay que "mejorar" la reglamentación, dice, para garantizar que en cada gimnasio y en cada escuela de danza haya profesionales de la nutrición que orienten a los alumnos. Además, estos centros no deberían poder vender productos adelgazantes.

- Consultas y denuncias. Un observatorio nacional, del estilo del que ya existe para las drogas, debería centralizar la información sobre el problema y convertirse en el centro de referencia. Los afectados podrían dirigirse a sus profesionales, a través del teléfono o de Internet, para informarse o denunciar casos.

Las campañas informativas sobre la enfermedad no deberían dirigirse a los jóvenes, ya que tendrían el efecto contrario, sino a los padres.

Para llegar a estas conclusiones, los senadores han escuchado a 88 expertos e implicados y han visitado una unidad hospitalaria especializada en anorexia. Estas recomendaciones no se convertirán de forma automática en realidades, pero van avaladas, por el apoyo de todos los grupos del Senado.

Ampliación de la lectura

En España unas 80.000 personas sufren de los trastornos alimentarios de bulimia y anorexia. El partido del gobierno todavía no ha puesto en marcha las medidas aprobadas por el Senado y por ello los afectados han presentado sus denuncias. El Ministerio de Sanidad insiste en que ya se han puesto medidas en marcha y empieza a remitir la anorexia, muy común entre las adolescentes. Los trastornos alimentarios afectan casi al 1,5% de los jóvenes entre 14 y 24 años, especialmente a las mujeres (sólo entre 5 y 10 de los afectados son varones). La lucha contra estos trastornos se basa en las recomendaciones que aprobó el Senado y los implicados (modelos, publicistas, asociaciones, etc). Publicidad señala que ya ha incluido el siguiente mandamiento: "La publicidad evitará incitar a sus receptores, en especial a las adolescentes, a la adquisición de pautas—comportamientos que puedan resultar nocivos para su salud". Existen 12 hospitales donde se atienden a dichos pacientes.

—Los afectados denuncian que el plan
contra la anorexia está paralizado.
Charo Nogueira, 9 octubre 2000

Existe un gran mercado que se enriquece a costa de hacer creer a las mujeres que están obligadas a estar siempre bellas y deseables, y como consecuencia, produciendo múltiples insatisfacciones y depresiones. El cuerpo sigue siendo objeto de culto y las mujeres se preocupan por los adelgazantes, los cosméticos, las transformaciones mediante cirugía, otras manipulaciones corporales. En muchas ocasiones se les echa la culpa a las revistas y a la publicidad pero parece que éstas sólo son reflejo de los que demanda la sociedad. La paradoja es que esto se produce precisamente cuando más mujeres alcanzan más conquistas sociales. La anorexia y la bulimia son pues consecuencia de la tiranía de estar siempre bella. La anorexia, que también afecta a multitud de adultas, afecta al 1% de los jóvenes (casi 90.0000), una cantidad que crece el 20% cada año. La máxima delgadez está interiorizada peligrosamente como belleza y por tanto como éxito. La ministra de Sanidad ha señalado que "tenemos que conseguir que la cultura del *cuerpo 10*, que impone unos cánones de belleza que no coinciden en absoluto con los cánones de la salud". Margarita Reviere en su libro *El mundo según las mujeres* opina que: "En mi generación, la primera vez que oímos hablar de orgasmo fue en las revistas femeninas francesas (las españolas tardaron un poquito más), pero si en los ochenta ayudaron a la liberación de la mujer, ahora la están castrando con un modelo de belleza imposible".

—*La tiranía de estar siempre bella.*
Dolores Conquero, Madrid, 6 agosto 2000

Vocabulario

acorde	in agreement
Adaner (Asociación en Defensa de la Atención a la Anorexia Nerviosa y la Bulimia)	Association in Defense of Care for Anorexia Nervosa and Bulimia
ámbito	area; field of activity
apuesta (infinitive—apostar)	to put one's faith into
Asuntos Sociales	Social Services
atajar	to put an end to
avalado	endorsed
dictamen	report
engañoso	deceptive
fabricante	manufacturer
Fomento	Development
Hacienda	Treasury
mesa sectorial	special committee
nocivo	harmful
paliar	to diminish
pasarela	fashion show runway
pautas	standards; norms
pese lo que pese	whatever it takes
Sanidad	Health

suministrar	to administer
talla	size; height
trastornos alimentarios	eating disorders

Preguntas sobre la lectura

1. ¿Qué les obliga a hacer a los fabricantes de ropa el gobierno?
2. ¿Qué datos se mencionan sobre la anorexia?
3. ¿Qué medidas se han propuesto contra la anorexia?
4. ¿En que ámbitos hay más trastornos alimentarios?
5. ¿Qué se dice de las campañas educativas?
6. ¿Por qué se asocia la delgadez con el éxito?
7. ¿Cuál es la conclusión a la que llega Educación y Cultura?
8. ¿Qué piden los senadores?
9. ¿Qué incluye la medida en cuanto a las tallas?
10. ¿Qué recomendaciones hacen a las empresas de la moda y publicidad?
11. ¿Qué recomienda el informe sobre revistas dirigidas a jóvenes?
12. ¿Cómo controlan publicidad engañosa sobre regímenes para adelgazar?
13. ¿Cómo proponen educar a los adolescentes?
14. ¿Qué obligación tiene el gobierno?
15. ¿Qué señala el informe sobre Deporte y Danza?
16. ¿Qué deberían hacer los afectados?
17. ¿Qué relación hay entre el mercado y la publicidad, la belleza y los trastornos alimentarios?
18. ¿Qué señala la ministra de Sanidad?
19. ¿Qué le preocupa a Margarita Reviere?

Más allá de la lectura

1. ¿Cuáles son algunos de los problemas que Uds. encuentran en las tiendas cuando buscan ropa de su talla?
2. ¿Qué imagen de belleza se aprecia en las revistas y en la televisión en los EE.UU.?
3. ¿Considera Ud. grave el problema de anorexia y bulimia en los EE.UU.?
4. ¿Conoce Ud. a alguien que sufre de un trastornos alimentarios? ¿Cómo se le apoya?
5. ¿Qué tipo de educación sería efectivo para aliviar estos problemas?
6. ¿El gobierno de los EE.UU. debería legislar controles a la industria de fabricantes de ropa? ¿A las revistas para adolescentes? ¿Por qué?

2

España es el país con la menor tasa de fecundidad del mundo, según el INE

Las mujeres en edad fértil sólo tienen una media de 1,07 hijos

Gabriela Cañas, Madrid, 22 diciembre 1999

Ni siquiera las predicciones más pesimistas han acertado con la realidad de España relativa a la fecundidad. Este país, situado desde hace años en el furgón de cola internacional, es hoy el que menos se reproduce. Según los resultados provisionales de la última encuesta del Instituto Nacional de Estadística, sobre datos de 1998, España está en una tasa de 1,07 hijos por mujer fértil, la última del mundo. La mayoría de los niños nacen en el seno del matrimonio, ha aumentado ligeramente el uso de anticonceptivos, y el alto nivel de estudios de la mujer es un factor clave para tener menos hijos.

Italia y Hong Kong (esta última ahora integrada en China) han disputado a España desde hace años el último lugar del mundo en cuanto a tasa de fecundidad. Con centésimas de punto de diferencia, lo cierto es que España se convirtió ya en 1997 en el país de más baja fecundidad de la Unión Europea, con sólo 1,15 hijos por mujer.

Según los datos del informe de la Organización Mundial de la Salud de 1999 relativos al año anterior, España está situada en un furgón de cola que comparte con Italia, Bulgaria, República Checa, Rumania y Japón. El nuevo dato del INE, aunque provisional, situaría a España por debajo de todos ellos.

En 1998 nacieron en España 361.930 niños. Ha sido el número de nacimientos más bajo de la reciente historia. Y representa la mitad de los registrados en 1970, año en que nacieron 663.667 niños. La curva descendente, con algún pequeño diente de sierra, cae en picado desde entonces.

En 1997 se registró un repunte, con 7.600 nacimientos más que el año precedente, lo que hizo sospechar que quizá significara un cambio de tendencia. La encuesta del INE, hecha en el primer trimestre de este año, demuestra que fue sólo una ilusión y que la caída puede ser aún mayor que nunca. La media de hijos por mujer en edad fértil (de 15 a 49 años) no garantiza ni de lejos la tasa de reemplazo generacional, fijada en 2,1, y que no se alcanza desde 1981.

"A la vista de estos datos, que hay que tomar con cautela porque ha sido una entrevista de respuesta voluntaria, no podemos ser muy optimistas", dijo ayer Pilar Martín-Guzmán, presidenta del INE, en la presentación de la encuesta.

La población española está prácticamente estancada desde hace 10 años. Según el censo de 1991, entonces había 39.433.942 españoles. A principios de 1998 el número era levemente superior: 39.852.651. De hecho, el pasado año en España hubo sólo 4.000 nacimientos más que defunciones, por lo que los técnicos del INE creen que el descenso de la población, que se calculó para el año 2003, quizá ya haya comenzado.

En este terreno, las predicciones más bajas se han quedado siempre cortas. En 1986, un estudio demográfico elaboró tres proyecciones distintas para el futuro. El supuesto más bajo barajaba una tasa de fecundidad de 1,5 hijos por mujer, lo que llevaría a tener en el año 2001 hasta 39,9 millones de habitantes. Era la más ajustada y, sin embargo, posiblemente nunca se llegue a esa cifra.

Los nuevos datos del INE, elaborados con encuestas hechas sólo por mujeres entre 7.700 españolas, demuestran que un factor decisivo para tener hijos es el matrimonio, seguido de la educación, la religión y la actividad, por este orden.

El 90,6% de las casadas tienen al menos un hijo y sólo el 5,45% de las solteras ha tenido alguno. Este asunto supone una diferencia enorme con otros países del entorno, donde el número de hijos fuera del matrimonio es mucho más habitual. En los países nórdicos, el porcentaje de hijos extramatrimoniales se acerca al 50%.

Calendario universitario

El nivel de estudios es esencial. Como advierte la ONU, el mayor nivel educativo de las mujeres tiene un efecto directo en la menor natalidad de un país. En España, el número de hijos por mujer es de 3,19 para las analfabetas, que son una escasísima minoría. La tasa baja hasta el 2,72 para las que han asistido a la escuela menos de cinco años (sin estudios), 1,37 para las que tienen estudios primarios y para los siguientes niveles educativos están por debajo de 1. Las universitarias tienen una media de 0,72 hijos. Este último grupo de mujeres empieza a ser legión en España. En el curso 96–97 había 813.000 mujeres frente a 723.000 hombres cursando estudios universitarios.

La demógrafa Teresa Castro, del Consejo Superior de Investigaciones Científicas, que participó en un estudio similar en 1995, advierte de que estos datos no siempre significan que las mujeres con estudios superiores tengan menos hijos. "Ese es el resultado global", explica. "Lo cierto es que las mujeres universitarias retrasan más su maternidad. Es una cuestión de calendario".

Las creencias religiosas son el otro gran factor que influye en la tasa de fecundidad. Las católicas, según este estudio, tienen un promedio de 1,29 hijos, las musulmanas, 1,23. Las católicas no practicantes tienen 1,01 hijos de media y las no creyentes o con creencias propias no llegan a tener un hijo como media.

Exigencias de una paternidad generosa

La bajada de la tasa de fecundidad es un fenómeno mundial. En 20 años, el índice de todos los países del planeta ha caído de 3,9 hijos por mujer a 2,7 y hay zonas amplias del planeta, como Europa, el Este asiático y ciertos países de América que también están muy por debajo de la tasa de reemplazo generacional, según los datos más recientes de la Organización Mundial de la Salud.

¿Qué es lo que distingue a España del resto del mundo para tener uno de los niveles más bajos de fecundidad del globo? Probablemente, el hecho de que España registre la mayor tasa de paro de la Unión Europea tiene una influencia determinante. Los españoles se casan cada vez más tarde. Según los últimos datos, los varones contraen matrimonio a los 30 años y las mujeres, a los 28. Consecuentemente, los hijos llegan también más tarde. Ésto es así porque las parejas necesitan terminar sus estudios y encontrar un trabajo estable antes de organizar su vida fuera del núcleo paterno.

Este objetivo es extremadamente complicado en España, donde la tasa de paro es del 15,45% de la población activa, y castiga, sobre todo, a los más jóvenes.

Para las nuevas familias, como indica la demógrafa del CSIC Teresa Castro, no sólo es importante que el varón halle un empleo; también es imprescindible que lo encuentre ella. Y aquí el objetivo es más difícil todavía, ya que la tasa de paro femenino es del 22,87%.

Según la Encuesta de Fecundidad 1999 dada a conocer por el INE, la mayor tasa de hijos por mujer fértil se da entre las mujeres dedicadas a las labores del hogar. Entre el casi millón y medio de paradas españolas se sitúa la tasa de fecundidad más baja, de poco más de 0,8 hijos por mujer.

"En España, las dificultades para criar a un hijo son extraordinarias", dice Celia Valiente, socióloga de la Universidad Carlos III. "Apenas hay ayudas estatales, y los hombres y las mujeres de hoy carecemos de una cosa fundamental para criar a los hijos: tiempo. Creo que hace falta analizar cómo la gente se plantea hoy la paternidad. Las expectativas son enormes."

Las parejas buscan lo mejor para sus hijos, en unos términos más elevados que nunca. Quieren tener tiempo suficiente para criarlos, quieren que tengan su habitación propia, quieren darles la mejor educación. "Creo que deberíamos empezar a analizar en las encuestas todo este tipo de cosas, porque el mayor nivel educativo ha disparado nuestras expectativas para los hijos de una forma inédita. La prueba es que las amas de casa tampoco tienen más de dos hijos, porque ha cambiado el concepto de la crianza de los niños", afirma Celia Valiente.

La mitad de las españolas dicen que no quieren tener más hijos

La mitad de las españolas no quiere tener ningún hijo más. Algunas no quieren tener ni siquiera uno. El deseo maternal va cambiando con la edad, y los datos obtenidos respecto a las expectativas, en comparación con una encuesta similar de hace 14 años, son los únicos que despiertan una ligera esperanza de que los españoles eleven su nivel de reproducción.

Preguntadas sobre sus deseos, las españolas suelen decir que quieren tener dos hijos. Según la demógrafa Teresa Castro, es más un patrón social que un deseo individual. Pero los números no son siempre iguales y en ellos basa el INE su esperanza. Porque las mujeres más jóvenes son ahora las que parecen desear tener más hijos que antes. En el grupo comprendido entre los 15 y los 19 años, la media resultante de lo que las mujeres dicen desear es 2,15 hijos. Esta tasa era de sólo 1,88 hace 14 años. Igualmente, parecen ligeramente más partidarias de tener hijos las mujeres de 20 a 24 años, que en 1985 ofrecían una media de 1,94 hijos deseados, cifra que ahora llega a 2,11.

A partir de esa edad, el deseo maternal de las mujeres es menor ahora que entonces, pero, dado que las jóvenes son las que van a decidir en el futuro, parece adecuado pensar que quizá terminen por tener más hijos que las que ahora optan por la maternidad.

Los deseos y la realidad

La esperanza de un posible aumento de la natalidad se basa también en las respuestas ofrecidas por las mujeres sin hijos. En este supuesto, el INE no ofreció ayer tablas comparativas con 1985, pero indicó, siempre hablando de medias, que las mujeres de 15 a 19 años declaran querer tener 1,68 hijos; las de 20 a 24 años dicen desear 1,8 hijos; las de 25 a 29 años, 1,79, y, por último, las que tienen de 30 a 34 años, que son hoy las que suelen decidir tener su primer hijo, dicen desear 1,74 descendientes.

El análisis final de esta encuesta, que el INE no tendrá elaborado hasta dentro de tres o cuatro meses, desvelará por qué hay tanta diferencia entre los deseos y la realidad. Según la encuesta de 1985, como explicaron ayer las demógrafas del INE Florentina Álvarez y Margarita Cantalapiedra, la razón que la mayoría de la población esgrime para no tener tantos hijos es siempre económica.

Sin embargo, la razón monetaria es sumamente subjetiva. "La percepción del bienestar social suficiente para criar hijos ha cambiado", explica Teresa Castro. "Sería interesante hacer un estudio comparativo generacional. Pero, en todo caso, las razones de los españoles más jóvenes, con tanta precariedad laboral, parecen más que objetivas".

Aumenta el uso de métodos anticonceptivos seguros

Un 72% de las españolas ha utilizado alguna vez métodos anticonceptivos. Este porcentaje supone un aumento respecto a la anterior encuesta del INE de las mismas características en 1985. En aquel año, sólo un 67% de las mujeres dijo utilizar algún sistema. La mejora no es sólo cuantitativa; también cualitativa. En 1985 se registraba un 14% de utilización de métodos considerados como ineficaces por la Organización Mundial de la Salud, mientras que ahora este hecho se da sólo en un 1,5% de los casos. Sin embargo, un dato escalofriante es el que confirma que, de las 423.000 adolescentes que tienen cónyuge, pareja estable o relaciones ocasionales, sólo la mitad utiliza métodos anticonceptivos.

El método anticonceptivo que más se utiliza en España sigue siendo el preservativo. Lo utilizan el 42% de las mujeres de 15 a 49 años. Un 20% emplea la píldora, que es el sistema considerado como más seguro. Le siguen la ligadura de trompas, la vasectomía, el coito interrumpido y el DIU. El menor porcentaje corresponde a la píldora del día siguiente, que utilizó sólo un 0,10% de las mujeres.

Y, finalmente, el 3% de las españolas utiliza el infalible método de la abstinencia.

Ampliación de la lectura

El 46,6% de las mujeres en edad fértil (entre 15 y 49 años) de España no tiene ningún hijo. El dato confirma la baja natalidad del país (1,07 hijos por mujer), muy lejos de la considerada tasa de reposición (poco más de 2). Pero esto no se debe a la voluntad de las mujeres. Un 23% tiene menos hijos de los que quisiera, sobre todo por falta de recursos. La Encuesta de Fecundidad del INE se realizó sobre una muestra representativa de casi ocho mil mujeres en edad fértil. En ella se confirma un ligero repunte en la natalidad, impulsado, entre otros motivos, por el mayor número de hijos que tienen las familias inmigrantes.

Extrapolando los resultados de las encuestadas de edades comprendidas entre los 15 y los 49 años, a 2,35 millones de mujeres les gustaría tener más hijos de los que han tenido. Más de medio millón (546.000) no han satisfecho sus anhelos maternales por falta de recursos. Si a este 31% se suma el número de aquellas que han visto limitada su maternidad por la necesidad de trabajar fuera de casa (el 14%), resulta que los condicionantes económicos directos son motivo del descenso de natalidad española en casi la mitad de las mujeres. A ellos hay que añadir un 7% de mujeres (120.000) que no han tenido más hijos por encontrarse en el paro ellas o sus parejas.

Las causas por las que las mujeres renuncian a la maternidad tienen que ver con la responsabilidad (preocupaciones y problemas que supone criar a los hijos) o por motivos sanitarios (problemas y molestias de salud o tener demasiada edad).

Aparte de la situación laboral y económica, el nivel educativo es otro de los factores que, según el INE, más inciden a la hora de que una mujer se decida a ser madre. Así, por ejemplo, aquellas con estudios superiores tienen, a lo largo de su vida, una media de 0,7 hijos, mientras que las que no saben ni leer ni escribir son las más prolíficas, con 3,2 hijos por mujer.

También las creencias religiosas determinan el tamaño de la familia, siendo las mujeres que se definen como católicas practicantes las que tienen más hijos.

El fenómeno de la inmigración, con especial incidencia en los dos últimos años, cuando se ha producido un repunte en el número de nacimientos. Así, por ejemplo, se indica que mientras un 47% de las españolas no tiene ningún hijo, un 42% de las mujeres de América Central y del Sur tiene dos hijos, y más del 30% de las africanas tiene tres o más. La inmigración es la que ha evitado el estancamiento del número de habitantes, lo que se confirmará cuando se realice el censo de 2000, en el que se reflejará que la población de España ha llegado a los 40 millones.

Otro factor que condiciona la natalidad, la existencia de una pareja, no parece, en cambio, un obstáculo para las mujeres españolas. Las mujeres entre 15 y 49 años que están casadas o emparejadas por primera vez llevan un promedio de casi diez años de relación. En el caso de las mayores de 45 años, esta media llega a los 21 años, casi media vida con la misma pareja.

En este aspecto también influye de manera decisiva el nivel de estudios. Las que no tienen estudios permanecen unidas a su pareja por encima de los 15 años de media, mientras que las relaciones de las que tienen bachillerato o estudios superiores no superan los ocho años, sean de matrimonio o de emparejamiento estable.

La edad media en que las mujeres contraen matrimonio son los 22,6 años, siendo las más precoces las canarias (21,7 años), y las que se casan más tarde, las aragonesas (23,58). La baja natalidad española contrasta con otro dato: sólo una de cada cinco jóvenes menores de 19 años utiliza métodos anticonceptivos. Esta falta de prácticas seguras se refleja en el elevado número de embarazos (18.500) y abortos (7.000) en adolescentes. En total, un 27,4% de las mujeres nunca utiliza un sistema de contracepción, y el 3,11% de las mujeres en edad fértil utiliza métodos anticonceptivos ineficaces, como el coitus interruptus. Esta proporción va en aumento con la edad de las mujeres, hasta llegar al 6,54% de aquellas que tienen entre 45 y 49 años.

Casi 170.000 mujeres han recurrido alguna vez a operaciones de interrupción del embarazo, según la encuesta; de ellas, más de 20.000 dos o más veces. El estudio no recoge ningún caso en que menores de 19 años se hayan sometido a dos o más abortos, aunque 4.400 lo hayan hecho una vez.

Entre el 53% que usaba algún sistema para no quedarse embarazada en el momento de realizarse el estudio, el 49% nunca había acudido a un médico para asesorarse acerca del sistema más adecuado y eficaz. Quizá por ello el 62% de las que contestó que tenía más hijos de los deseados lo atribuyó a un fallo del método anticonceptivo.

Por contra, la encuesta refleja que más de 117.000 mujeres han conseguido tener un hijo gracias a un tratamiento de fertilización asistida. Este número supone un éxito en el 51% de los casos de las casi 240.000 que se han sometido a este proceso. La mayoría tenía entre 34 y 39 años, la edad considerada límite para engendrar.

—*Una encuesta revela que el 46% de las mujeres en edad fértil no tiene ningún hijo.*
Emilio de Benito, Madrid, 22 diciembre 2000

Los españoles mantienen relaciones sexuales en promedio unas 90 veces al año. Según una encuesta (incluye 27 países de los cinco continentes y se basa en 18.000 entrevistas a personas de entre 16 y 55 años) del fabricante británico de preservativos Durex, la frecuencia media en los 27 países examinados es de 96 coitos anuales. El primer país de la lista estadísticamente es Estados Unidos con 132 coitos al año y le sigue Rusia con 122. Japón es el último de la lista con 37 coitos anuales. Los encuestados en España no se presentan como muy promiscuos. En promedio señalan 5,5 parejas sexuales durante su vida, frente al promedio mundial de 8,2 parejas. El país más promiscuo es Francia, con 16,7 parejas, y el menos, India, con 1,8. En el conjunto de los países, los jóvenes comienzan las relaciones a una edad cada vez más temprana. Por ejemplo, los que ahora tienen más de 45 años tuvieron sus primeras relaciones en promedio a los 18,9 años; los que tienen entre 25 y 34 años comenzaron a los 18, y los que tienen de 16 a 20 años se iniciaron a los 16.

—*Los españoles practican el sexo menos que la media mundial.*
El País, Madrid, 18 octubre 2000

Las estadísticas de Eurostat señalan que las españolas son las mujeres con mayor esperanza de vida de los países de la Unión Europea y también las que menos hijos tienen. España presenta la tasa de fecundidad más baja de la UE desde 1996. Este promedio de hijos por mujer en edad fértil (1,19 el año pasado) comenzó a

España es el país con la menor tasa de fecundidad del mundo 15

descender en 1976. La reducción de la natalidad ha corrido paralela con el aumento de la esperanza de vida, lo cual tiene como resultado un envejecimiento creciente. En longevidad, las mujeres superan significativamente a los hombres. Aunque nacen más varones (los niños hasta cuatro años superan en 40.000 a las niñas), en el tramo de edad entre los 35 y los 39 años se equiparan. Al llegar a la edad entre 70 y 74 años, las mujeres suman 956.802, frente a los 764.061 varones. Alcanzan, o superan, los 85 años más del doble de mujeres que de hombres (455.117 frente a 202.872).
—*Más abuelas, menos nietos.*
Charo Nogueira, Madrid, 4 noviembre 2000

Aunque difícil de explicar, la proporción de hijos varones viene disminuyendo desde hace veinte años en los países industrializados, aunque no alcanza aún proporciones preocupantes. Pero unos investigadores españoles han hallado una explicación: el retraso en la maternidad dificulta la concepción de varones. La proporción de hijos varones en España sólo empezó a declinar a partir de 1981. Esa bajada muestra una marcadísima correlación inversa con la edad media a la que los españoles han contraído matrimonio, cada vez más maduros desde 1981 hasta el presente. ¿Será que las mujeres más jóvenes tienden a tener niños y las más maduras tienden a tener niñas? Así es, según los análisis de Gutiérrez-Adán. Las parejas jóvenes suelen practicar el coito muy a menudo y, por lo tanto, es mucho más probable que obtengan una fecundación en la fase temprana del ciclo. El resultado es a menudo un embrión macho. La caída de la frecuencia sexual con la edad implica una mayor probabilidad de que la fecundación ocurra en el momento de la ovulación o después, particularmente si se tiene en cuenta que, a partir de los treinta años —según explica Gutiérrez-Adán—, el principal factor de riesgo para que acontezca un coito ya no es el deseo masculino, sino el femenino, y éste tiende a darse en la ovulación.
—*El retraso de la maternidad provoca que cada vez nazcan menos varones en España.*
Javier Sampedro, Madrid, 27 septiembre 2000

Los Socialistas van a proponer en el Congreso que España reconozca el derecho a cuatro semanas por paternidad. Hasta ahora el padre sólo tiene derecho a tres días libres por paternidad. La baja laboral por paternidad se obtendría también en caso de adopción.
—*Los socialistas proponen cuatro semanas de baja por paternidad.*
Gabriela Cañas, Madrid, 17 junio 2000

España, con un 8%, tiene la menor tasa de divorcios del mundo desarrollado.
—*España, tercer país del mundo donde mejor se vive.*
El País, 3 enero 1994

La vasectomía para conseguir la esterilidad ha aumentado notablemente hasta ser la operación quirúrgica más frecuente en las salas de urología de los hospitales públicos. Los hombres españoles cada vez se implican más en la contracepción. El mayor número de vasectomías se da en los hombres entre 30 y 40 años, pero también han aumentado entre los menores de 30.
—*70.000 españoles se hacen la vasectomía cada año.*
Mayka Sánchez, Madrid, 6 junio 2000

El preservativo es el método anticonceptivo más utilizado actualmente (35%), le sigue la píldora (23%), la esterilización (20%) y el dispositivo intrauterino y el coitus interruptus el 10%.
—*El preservativo es el anticonceptivo más utilizado en España.*
Mayka Sánchez, Madrid, 25 mayo 2000

La esterilización como método anticonceptivo es ya tan habitual en España como el uso de la píldora. En los 80 los métodos más comunes eran la píldora y el coitus interruptus. En los 90 los preservativos ocupan el primer lugar con el 35%, la píldora el segundo con el 20%, la esterilización el 20%, el DIU el 15% y el coitus interruptus el 10%.
—*La esterilización ocupa ya el mismo lugar que la píldora como método anticonceptivo.*
Mayka Sánchez, Madrid, 5 diciembre 2000

Vocabulario

analfabeto	illiterate
anhelos	desires
asesorarse	to inform oneself
baja laboral por paternidad	paternal employment leave
barajar	to shuffle
castigar	to punish
cautela	caution
caer en picado	dive; fall abruptly
centésimas	hundredths
cónyuge	spouse
crianza	raising/education of a child

defunción	death
diente de sierra	peak
dispositivo intrauterino (DIU)	IUD (intrauterine device)
elevar	to increase
embarazo	pregnancy
embrión macho	male embryo
escalofriante	chilling
escasísima	very tiny; very scarce
esgrimir	(in context) to wield an explanation as a defensive argument; literally, to fence
estancamiento	stagnation
fabricante	manufacturer
fallo	failure
fase temprana	early stage
fecundidad (tasa de)	fertility rate
furgón de cola	caboose; (in context) at the end of the line
imprescindible	essential
inédito	unforeseen
ineficaz	ineffectual
levemente	slightly
ligadura de trompas	tubal ligation
marcadísima	very notable
muestra	sample; also, to show (mostrar)
natalidad	birth rate
ni de lejos	not by a long shot
ni siquiera	not even
núcleo paterno	nuclear family of origin
paro (tasa de)	unemployment rate
partidario	in favor of
patrón social	social pattern
preservativo	condom
promedio	average
reemplazo (tasa de)	replacement rate
repunte	resurgence
retraso	delay
seno del matrimonio (en el)	(in the) bonds of wedlock
tamaño	size
varón	male

Preguntas sobre la lectura

1. ¿Cuál es la situación de la fecundidad en España?
2. ¿Qué datos y cifras se señalan sobre la fecundidad?

3. ¿Qué diferencias existen entre España y otros países europeos?
4. ¿Cómo afecta el nivel de estudios universitarios a la fecundidad?
5. ¿Cómo afecta la religión?
6. ¿Qué distingue a España del resto del mundo?
7. ¿Qué dificultades entrañan criar a un hijo en España?
8. ¿Qué se dice del deseo maternal de las españolas?
9. ¿Cuál es la realidad de la natalidad?
10. ¿Cómo influyen en la natalidad los anticonceptivos?
11. ¿Qué se dice de la esperanza de vida en España?
12. ¿Qué se menciona de las relaciones sexuales de los españoles?
13. ¿Qué parece explicar que nazcan menos varones?
14. ¿Qué propuesta sobre el derecho de paternidad presentan los socialistas?
15. ¿Qué factores inciden en la maternidad?
16. ¿Cuál es la principal causa de la baja natalidad?
17. ¿Qué familias tienen mayor número de hijos?
18. ¿Cuáles son las razones por las que muchas mujeres renuncian a la maternidad?
19. ¿Cuál es la edad media de las mujeres que contraen matrimonio?
20. ¿Qué consecuencias traen las prácticas sexuales inseguras?
21. ¿Qué edades tienen generalmente las mujeres que reciben fertilización asistida?
22. ¿Cómo se comparan los embarazos juveniles de España con los de otros países europeos?
23. ¿Cuántos hombres se hacen la vasectomía?
24. ¿Cuántas españolas recurren a la píldora del día siguiente?
25. ¿Qué piensa la Iglesia Católica de la píldora del día siguiente?

Más allá de la lectura

1. ¿Cómo es su familia?
2. ¿Cómo imagina Ud. su vida familiar en el futuro?
3. ¿Cómo imagina Ud. la relación entre necesidades económicas y el deseo de tener familia en su caso particular?
4. ¿Qué relación hay entre la baja natalidad y la economía en general?
5. ¿Qué puntos de contraste entre EE.UU. y España hay con relación a la actitud hacia la fecundidad?
6. ¿Qué problemas trae una familia numerosa?

3

Un informe del Congreso revela que el 95% de la población chabolista de España es gitana

El colectivo, con graves problemas de discriminación, tiene una baja esperanza de vida

Amaya Iríbar, Madrid, 24 diciembre 1999

Son la mayor minoría de España. Más de 500.000 gitanos, casi la mitad en Andalucía, que sufren "con demasiada frecuencia" marginación, discriminación y brotes de racismo, según un informe de la subcomisión del Congreso que ha estudiado los problemas del pueblo gitano. El texto revela que los gitanos suponen el 95% de la población chabolista, tienen una menor esperanza de vida y más problemas de salud que el resto de la población. También padecen grandes dificultades para encontrar trabajos regulares, en parte debido a su deficiente acceso a la educación (el 70% de los adultos carece de estudios).

El informe es más descriptivo que resolutivo. Y dibuja un panorama preocupante, sobre todo con relación a los gitanos más pobres, los que habitan casi todas las chabolas que se levantan en España. Ese grupo, con problemas "acuciantes", ronda el 10% de la población gitana, según el presidente de la asociación Secretariado General Gitano, José Manuel Fresno. Se trata, pues, de unos 50.000 españoles —aproximadamente, ya que no hay datos contrastados— que no tienen garantizadas unas mínimas condiciones de vida. Un informe elaborado por la Fundación Foessa y recogido en el informe eleva a un 21,97% los gitanos que viven en "extrema pobreza".

El texto señala que este sector de la población gitana tiene una menor esperanza de vida, sobre todo sus mujeres, y sufre en mayor medida algunas enfermedades, se alimenta de forma inadecuada, carece de una cobertura total de vacunación y envejece de forma prematura.

La población gitana integrada "no tiene mayores problemas", subraya Amparo Sánchez, de Médicos del Mundo. La población chabolista e itinerante —gitanos de Rumania o Portugal o aquellos que trabajan como temporeros— la que presenta un estado de salud "deplorable", comparable al de las poblaciones de los países en vías de desarrollo, según Sánchez. Un estudio sanitario representativo de este grupo realizado por esta organización en España, Francia y Grecia constata que las gitanas que viven en chabolas mueren entre los 49 y los 61 años. La esperanza de vida de la población femenina general es de 85 años, según la Organización Mundial de la Salud.

Tanto Sánchez como la responsable del área de salud del Secretariado General Gitano, Patricia Bezimartea, coinciden en que estos problemas sanitarios se deben más a las condiciones de vida —sin agua, electricidad o calefacción— que a razones culturales o étnicas. Las chabolas habitadas por los gitanos no tienen más de 50 metros cuadrados y en ellas vive una media de 5,4 miembros, según el informe. Los gitanos que han dejado estas barriadas para integrarse, por ejemplo, en viviendas sociales, tampoco están libres de problemas. El texto critica de modo velado la forma en que se han llevado a cabo muchos realojamientos de esta población marginada. La concentración de viviendas sociales en determinados barrios, dice, impide "una auténtica integración". Eso, sin contar que muchas de estas viviendas son de baja calidad, y su deterioro, por lo tanto, más rápido.

El acceso al empleo es otra barrera para buena parte de los gitanos, el 40% de los cuales está en edad laboral, según el Secretariado General Gitano. Su falta de formación les impide, sin embargo, competir en el mercado laboral. La mayoría se dedica a la venta ambulante, la recogida de chatarra o son temporeros en Extremadura, Murcia y Andalucía, profesiones tradicionales que están en recesión. Para los autores del informe, el hecho de que muchos gitanos se resistan a trabajar para otros les margina de su entorno social.

Para realizar su trabajo, los diputados de la subcomisión para el estudio de la problemática del pueblo gitano se han basado en las comparecencias de más de 20 "miembros de asociaciones gitanas y expertos de diversa índole. La disolución de las Cortes ha impedido que acabaran el trabajo con propuestas concretas. El informe, de 53 páginas, sólo apunta algunas sugerencias genéricas, como "impulsar el acceso a una vivienda digna", reforzar los programas de apoyo y seguimiento escolar o adoptar "medidas contundentes" para luchar contra el racismo antigitano. Y una petición: que los próximos diputados elegidos terminen el trabajo empezado ahora.

Las asociaciones gitanas piden más dinero y un plan nacional de apoyo

Las asociaciones gitanas y los profesionales que trabajan con este colectivo —organizaciones no gubernamentales, profesores, médicos, trabajadores sociales— creen que los datos más preocupantes del informe reflejan "sólo una parte" de la realidad gitana que es "cada vez más diversa", subraya el presidente del Secretariado General Gitano, José Manuel Fresno, quien pide un plan nacional de apoyo a este colectivo. Su opinión la comparte el presidente de Unión Romaní, Juan de Dios Ramírez Heredia. Para ambos "la cuestión gitana" es mucho más que un problema de pobreza. Es también un asunto político que exige acciones coordinadas y más dinero.

Para Fresno, el Congreso "ha perdido una buena oportunidad "para recoger las demandas del colectivo gitano. Ramírez Heredia es más comprensivo, quizá porque fue diputado y eurodiputado con el PSOE. La propuesta del Secretariado General Gitano es que esa coordinación se traduzca en la creación de un plan nacional, similar al de drogas o al del SIDA, que coordine todas las políticas dirigidas a mejorar la integración y las condiciones de vida del pueblo gitano.

"Sólo un parche"

Desde 1988 existe un Programa de Desarrollo Gitano en el Ministerio de Trabajo y Asuntos Sociales, pero según los consultados es "sólo un parche", ya que carece de autonomía y de un presupuesto significativo para hacer frente a los problemas de más de 500.000 españoles. Ramírez Heredia asegura que este programa cuenta con 500 millones de pesetas anuales, un dato que no pudo ser contrastado con sus responsables. Sólo Andalucía, donde viven casi la mitad de los gitanos españoles, cuenta con un Plan Integral para la Comunidad Gitana, aprobado hace dos años.

Ese Plan Nacional que propone el Secretariado General Gitano debería marcarse objetivos culturales y sociales, subraya Fresno, para quien no sólo es importante que todos los gitanos vivan en condiciones dignas, sino también que preserven sus tradiciones. Para ello, es necesario incorporar la identidad cultural gitana a todos los programas educativos y potenciar la creación de centros culturales que, por ejemplo, ayuden a conservar sus tradiciones. La presidenta de la asociación de mujeres Romí Serseni, Amara Montoya, quien se negó a valorar un informe que no le había sido enviado, coincide en este análisis: "Que no tengamos territorio no quiere decir que no tengamos tradiciones".

Las asociaciones coinciden en la necesidad de llevar a cabo un estudio "serio y de ámbito estatal" sobre la población gitana. Ramírez Heredia asegura que el último fue elaborado en 1978 y "desde entonces la situación ha mejorado mucho". Y, sobre todo, defienden que las políticas tengan en cuenta a los propios gitanos. "Lo que no se puede hacer es querer lo mejor para los gitanos y no contar con ellos", sentenció Ramírez Heredia.

El romanó, en peligro

Una joven gitana pidió la palabra en un congreso celebrado hace unas semanas para afirmar que tanto ella como sus seis hermanos tenían estudios universitarios. La anécdota la cuenta un profesor madrileño que trabaja en programas de compensación dirigidos a las minorías —gitanos, pero también a superdotados o inmigrantes— para explicar que el pueblo gitano también está cambiando. Unión Romaní calcula que sólo en Andalucía 300 gitanos estudian una carrera universitaria. Algunos cambios no son, sin embargo, tan buenos como éste. Su propio idioma, el romanó, está en peligro, en parte por la falta de políticas activas para preservarlo, subraya el informe elaborado por la subcomisión del Congreso de los Diputados que ha estudiado la cuestión gitana.

No hay datos de cuántos gitanos preservan su propia lengua, pero un estudio de Médicos del Mundo realizado sobre la población chabolista gitana asegura que sólo el 17% la utiliza.

El texto recoge otro dato preocupante. El 60% de los niños gitanos faltan regularmente a clase y muchos abandonan de forma prematura los estudios. Esta cifra contrasta con el avance que se ha producido en su escolarización en los últimos años. Incluso entre la población marginal. El estudio de Médicos del Mundo asegura que el 61% de los pequeños están escolarizados, si bien lo dejan a una edad media de 10,8 años. Fuentes de la Comunidad de Madrid elevan la edad media a los 14 años.

Otro asunto pendiente en materia educativa es potenciar los contenidos relacionados con sus tradiciones. La normativa recoge el respeto a las minorías, pero en el caso de los gitanos no se han traducido en una presencia explícita. El mayor reto en este terreno es acabar con los estereotipos que identifican a los gitanos con la pobreza, las drogas o la delincuencia, reconocen fuentes educativas. Y que impiden ver que algunos gitanos, un grupo reducido pero en crecimiento según el informe del Congreso, ha logrado ser funcionario administrativo o tiene su pequeño comercio.

Ampliación de la lectura

Los gitanos conviven con los españoles (payos) desde el siglo XV. La mitad de ellos viven en Andalucía donde existe el asentamiento mayor del mundo (más de un cuarto de millón). En España hay unos 180.000 gitanos en edad escolar. En cuanto a escolares inmigrantes, Canarias, por ejemplo, da la cifra de 7.622 alumnos de 107 nacionalidades distintas en primaria y secundaria. Los africanos son los más numerosos. Los alumnos procedentes de África se han duplicado entre 1991 y 1996, cuando pasaron de 14.000. Los siguen los de Latinoamérica y de la Unión Europea (más de 12.000 de cada origen).

—*Un censo "discriminatorio".*
Emilio de Benito, Madrid, 22 mayo 2000

El gobierno autonómico de Aragón propone reconocer el rito gitano como una de las formas legales de matrimonio reconocidas en España. Este matrimonio es un rito milenario que sigue celebrando más del 90% los gitanos. Dicha propuesta se apoya en la Ley Orgánica de Libertad Religiosa de 1980 y en un acuerdo suscrito por el Estado en 1992 con protestantes, judíos y musulmanes, por el que se reconoce en el registro civil los matrimonios celebrados por esas religiones en sus respectivos ritos. En el caso del matrimonio gitano podría ser reconocido por razones de etnia. Este matrimonio es un ceremonial polémico puesto que exige que la "ajuntadora" rompa el virgo de la novia con un pañuelo y que luego lo muestre, como prueba de virginidad, a una asamblea de hombres. Las mujeres gitanas más preparadas, asistentas sociales, maestras, se casan por este rito.

—*Las Cortes de Aragón instan al Congreso a que reconozca el matrimonio gitano.*
Concha Monserrat, Zaragoza, 10 noviembre 2000

La virginidad femenina es esencial en el casamiento gitano y un valor fundamental de su etnia. Esta exigencia de la virginidad se sale de la relación privada y se convierte en una parte central y pública de la ceremonia de casamiento a través de la que se demuestra que la novia no ha conocido sexualmente ningún otro hombre. La honra de la familia radica para los gitanos en la virginidad femenina, simbolizada en el ritual del pañuelo y entendida como concepto de pureza.

—*La nueva "rom".*
Tereixa Constenla, Madrid, 24 diciembre 2000

Los niños gitanos son la minoría más rechazada socialmente y su integración escolar es más complicada que la de los inmigrantes. A un adolescente gitano le resulta difícil aceptar la autoridad de una maestra (porque a esa edad él manda sobre su madre y sus hermanas), separarse de sus hermanos en clase o reunirse en el patio con gitanos de diferentes clanes cuando están en conflicto. Los niños payos no están acostumbrados a determinadas actitudes de la cultura gitana.

—*Las diferencias culturales dificultan la integración.*
Susana Pérez de Pablos, Madrid, 22 mayo 2000

Vocabulario

acuciante	pressing
ajuntadora	matchmaker
alumno	student
ámbito	environment
apoyo	assistance
barriada	district
brotes de racismo	outbreaks of racism
calefacción	central heating
carecer	to lack; to be without
chabola	shack
chabolista	shantytown dweller
constatar	to confirm
dibujar	to draw; portray
digno	dignified
entorno social	social environment
falta	lack
gitano	gypsy
honra	honor
índole	nature
medidas contundentes	forceful, effective measures
padecer	to suffer from
parche	patch
payo	non-gypsy
potenciar	to make possible
PSOE (Partido Socialista Obrero Español)	Spanish Socialist Worker's Party
realojamiento	relocation
recogida de chatarra	collection of scrap metal
reto	challenge
romanó	language of the gypsies
SIDA (síndrome de la inmuno-deficiencia adquirida)	AIDS (acquired immuno-deficiency syndrome)
superdotado	genius
temporero	temporary worker
venta ambulante	travelling sales

Preguntas sobre la lectura

1. ¿Cuántos gitanos hay en España?
2. ¿Cuáles son cinco dificultades que tienen los gitanos?

3. ¿Cuántos gitanos viven en extrema pobreza?
4. Describa algunas razones por las cuales las gitanas tienen una baja esperanza de vida.
5. Compare la población gitana integrada con la población gitana chabolista.
6. ¿Por qué muchos gitanos que viven en las viviendas sociales no han experimentado "una auténtica integración?"
7. ¿A qué tipos de trabajos se dedican los gitanos?
8. ¿Qué dos cosas necesitaría el Programa de Desarrollo Gitano para poder enfrentar los problemas de los gitanos españoles?
9. ¿Qué recomendaciones da el informe para mejorar la calidad de vida para los gitanos?
10. ¿Por qué el romanó está en peligro?
11. ¿Qué porcentaje de gitanos habla el romanó?
12. ¿Cuál es la edad media en la que un joven gitano abandona la escuela?
13. ¿Cuáles son algunos estereotipos asociados con los gitanos?
14. ¿Qué propone el gobierno de Aragón?
15. ¿Cómo es el matrimonio gitano?
16. ¿Qué exige este rito de la mujer?
17. ¿Qué dificulta la integración de los gitanos?
18. Nombre diferentes grupos étnicos que conviven en España.

Más allá de la lectura

1. ¿Por qué cree Ud. que los chabolistas tienen más problemas que la población gitana integrada?
2. ¿Por qué cree Ud. que muchos gitanos prefieren no integrarse a la sociedad mayoritaria? ¿Qué pierden cuando se integran?
3. "La población gitana integrada no tiene mayores problemas". Reflexione y explique lo que sugiere.
4. ¿Qué soluciones propone Ud.?
5. ¿Los problemas de los gitanos se deben a razones culturales o étnicas o a sus condiciones de vida?
6. ¿Está Ud. en contra o a favor de la integración de los gitanos? ¿Por qué?
7. ¿Qué relación existe entre el alto desempleo entre los gitanos y su resistencia tradicional a no trabajar para otros?
8. ¿Hay grupos en los EE.UU. (u otro país) que tengan mucho en común con la población gitana? ¿Cuáles?
9. Describa la situación del grupo étnico hispano en los EE.UU.

4

El Constitucional dice que basta una negativa de la víctima para que haya acoso sexual

Anulada una sentencia que exculpó a un empresario por falta del "rechazo total" de la mujer

Bonifacio de la Cuadra, Madrid, 28 diciembre 1999

"Una señal del carácter no querido" de la conducta de acoso sexual por parte de la víctima es suficiente "para deshacer cualquier equívoco o ambigüedad" que permita "hablar de tolerancia", establece el Tribunal Constitucional en una sentencia que ampara a una empleada frente a los ataques libidinosos de su empresario. El máximo intérprete de la Constitución anula el fallo de la Sala de lo Social de Galicia que consideró que no se había producido acoso sexual, por falta de una "negativa clara, terminante e inmediata" de la mujer que evidencie su "rechazo total y absoluto".

La Sala Segunda del Tribunal Constitucional en su sentencia responde al recurso de amparo presentado por Ana María I.E. Esta mujer era empleada del videoclub propiedad de Salvador Beloso y su esposa. En una ocasión en que Beloso le tocó "en el trasero, ella le amenazó con darle una hostia si volvía a hacerlo", según consta en la sentencia del juez de lo Social de Vigo que condenó al empresario a indemnizar a la acosada con 775,000 pesetas "por los daños materiales, físicos y morales sufridos". La sentencia relató que aquella vez Beloso "pidió disculpas" a su empleada, pero en múltiples ocasiones le hizo alusiones sexuales "que la incomodaban, como que podía acostarse con él".

Ante la incomodidad que le producía la conducta de Beloso, Ana María acudió al servicio de información y asesoramiento de la mujer del Concello de Vigo, en donde le aconsejaron que hablara con la psicóloga del centro, quien le diagnosticó "un cuadro ansioso, con síntomas de tipo nervioso, por lo que fue dada de baja laboral por "depresión secundaria y estrés laboral".

Aproximaciones físicas

La Sala de lo Social del Tribunal Superior de Justicia de Galicia revocó la sentencia al considerar que la empleada "no había sido agredida sexualmente por el empresario, ni se habían vulnerado sus derechos fundamentales". Este tribunal reconoció que las "aproximaciones físicas del empresario a la trabajadora y sus reiteradas manifestaciones verbales directas, referidas a cuestiones de sexo", atentaban contra la libertad sexual e intimidad de la mujer.

Sin embargo, exculpó al empresario, porque consideró exigible, además, "la negativa, clara, terminante e inmediata, por parte de la mujer afectada, al mantenimiento de dicha situación, a través de actos que pongan de relieve el rechazo total y absoluto a la actitud del empresario". El máximo tribunal de lo social gallego consideró incongruente que la demandante, tras sentirse perseguida sexualmente por Beloso acudiera en unión de su marido a comer a casa del empresario y le invitara a tomar café a la suya.

Estos razonamientos son rechazados por el Constitucional, al que la mujer recurrió en amparo. La sentencia, de la que ha sido ponente Rafael Mendizábal, reconoce que se ha vulnerado "el derecho fundamental de la demandante a su intimidad en desdoro de su dignidad personal" y, para restablecerla en su derecho, anula la sentencia de la Sala de lo Social gallega, por lo que corresponde ejecutar el fallo del juzgado de Vigo.

El Constitucional niega que las insinuaciones eróticas fueran toleradas por la víctima y recuerda que lo que distingue "al acoso sexual del comportamiento amistoso es que aquel es unilateral e indeseado, y el otro, voluntario y recíproco".

El Constitucional cree razonable que "una señal del carácter no querido de tal conducta por parte de su destinataria sea conveniente para deshacer cualquier equívoco o ambigüedad al respecto, como ocurrió en este caso, sin que en consecuencia quepa hablar de tolerancia por su parte".

La sentencia aprecia datos suficientes de que la conducta del empresario "no era deseada por la destinataria" y dice que correspondería a Beloso "la carga de probar que su comportamiento fue alentado, consentido o al menos tolerado por la trabajadora, sin que a tal fin tenga eficacia persuasiva el que en alguna ocasión ambas familias almorzaran juntas o que el día de su onomástica ella invitara sin éxito a un café al empresario y a un amigo de éste.

La existencia del acoso sexual está clara para el Constitucional en este caso. Y además, aprecia que la conducta libidinosa del empresario "no era deseada por la destinataria" y fue lo suficientemente grave como para afectar a "la salud mental de la trabajadora".

Cosificación de la mujer

El Constitucional reconoce que el acoso sexual en el trabajo afecta "notoriamente con mayor frecuencia y más intensidad a la mujer que al hombre, como consecuencia de condiciones históricas de inferioridad o debilidad de ellas en el mercado de trabajo y en el lugar de su presentación". Y añade que "no puede permitirse hoy, ni siquiera residualmente, la perpetuación de actitudes con las cuales implícitamente se pretende cosificarla, tratándola como un objeto, con desprecio de su condición femenina y en desdoro de su dignidad personal".

Ampliación de la lectura

Las expresiones de un trabajador a su a compañera de trabajo de "¡qué culito tienes!", unidas a otras referencias sobre los gustos eróticos de las mujeres o referencias a "cuando a los compañeros se les pone dura", fueron reconocidas por el Tribunal Superior de Justicia de Madrid como una técnica de "piropo", y no acoso sexual.

El trabajador le hizo claras proposiciones eróticas, como la de acostarse juntos, que ella rechazó, y comentarios como "menudo culito tienes", y le cogió la mano, que la joven "soltó de forma inmediata". Al día siguiente, el camarero volvió a hacer referencia al "culito" de la joven y a realizar comentarios sexuales.

Todo ocurrió durante el descanso y por ello la Sala de lo Social estima que durante las el descanso, el camarero "no está sometido al control disciplinario de su patrono", sino que disfruta de "libertad cívica" para hacer "una proposición sexual que tiene lugar entre adultos, en su tiempo libre", por lo que es "laboralmente irrelevante".

En cuanto a las referencias al "culito" y demás comentarios, lo encuadra en "una técnica halagadora como piropo", y asegura que "no buscaban despreciar a la compañera, sino sólo rememorar un frustrado intento de seducción, con más melancolía, pues, que agresividad".

—*Un tribunal califica de piropo decir en el trabajo "¡qué culito tienes!".*
Bonifacio de la Cuadra, Madrid, 15 noviembre 2000

El Tribunal Superior de Justicia de Baleares ha sentenciado que tocar el culo a una empleada subordinada "no es de tanta gravedad como el acoso sexual" y, por tanto, no "merecedor" del despido. El tribunal reconoce que el acto de tocar el culo a una empleada es de "carácter obsceno, indigno e igualmente repudiable y sancionable", pero no de tanta gravedad "como el acoso sexual." La empleada lo denunció a la dirección de recursos humanos de la empresa que su superior se le acercó por detrás cuando ella estaba subida en una escalera y le "empezó a tocar el culo". La trabajadora explicó que cuando se dió la vuelta y vio quién la tocaba no dijo nada, "dada su posición en la empresa". Explicó que él ya le había hecho comentarios obscenos como que su coche era "adecuado para mantener relaciones sexuales". Otra empleada afirmó que el mismo jefe le pidió que "se abriera de piernas" y no lo denunció "por miedo a las posibles represalias". El magistrado del Tribunal Superior de Justicia de Cataluña declaró que la actuación del directivo contra la empleada es suficiente, en su opinión, para que sea calificada de acoso sexual y merezca el despido, ya que "rompe la confianza de la empleada con su superior para el desempeño de su trabajo". En cambio, el tribunal estimó que para que exista acoso es preciso que los hechos sean lo suficientemente graves "por la intensidad, reiteración y efectos sobre la salud mental de la trabajadora" para que sea acoso sexual y por tanto dicho caso no es causa de despido.

—*Un tribunal niega que sea motivo de despido tocar el trasero a una empleada.*
El País, Madrid, 19 octubre 2000

La sentencia del Tribunal Superior de Justicia de Baleares que niega que el hecho de que un directivo toque el trasero a una empleada "no es de tanta gravedad como el acoso sexual" y, por lo tanto, no es merecedor de despido" causó fuertes críticas de asociaciones de mujeres, de sindicatos y partidos. La presidenta de la Federación de Asociaciones de Mujeres Separadas y Divorciadas calificó el fallo del tribunal de "impresentable" y que "legitima el acoso sexual en el trabajo". La portavoz del PSOE se refirió al "derecho fundamental de cada persona a decidir quién, cómo y cuándo puede tocarla" y añadió que todo lo que se hace "sin el consentimiento de una persona, independientemente de que sea tocarle el culo o tocarle la mano, es una agresión.

IU, por medio de su portavoz en temas de Mujer, señaló que la sentencia "fomenta actitudes machistas", y añadió: "Creo que alguien tiene que tomar cartas en este asunto y que debe dejar de producirse este chorreo de sentencias que vienen a añadir más sufrimiento y más déficit de dignidad a la vida de las mujeres".

El fiscal general del Estado no quiso valorar el fallo judicial pero sí enjuició la opinión de asociaciones de mujeres de que este tipo de sentencias obedece al machismo existente en la cúpula judicial. "Será por poco tiempo", dijo, "porque en este momento más del 50% de las personas que ingresan en las carreras fiscales y judiciales son mujeres".

—Fuertes críticas al fallo que no ve acoso en tocar el trasero.
Agencias, Madrid, 19 octubre 2000

Al "acoso moral en el trabajo" los británicos lo denominan *mobbing* (algo así como "acoso colectivo") y los norteamericanos *bullying* (intimidación). También hay quien lo llama psicoterror. El fenómeno no es ninguna rareza: 13 millones de trabajadores de Finlandia, Reino Unido, Países Bajos, Suecia, Bélgica, Portugal, Italia y España han sido víctimas de él en el último año, según la tercera encuesta europea sobre condiciones de trabajo 2000. La cifra corresponde a una media del 9% de los asalariados en los países consultados y supone un millón más que en la misma encuesta de 1995. En España, el *mobbing* afecta a 750.000 trabajadores (un 5% de los asalariados), según una encuesta.

La táctica, propia de los países ricos, consiste en ir desgastando psicológicamente al empleado hasta conseguir que se autoexcluya. Se trata de una técnica de intimidación por la cual el hostigador, generalmente un superior, va arrinconando y aislando al trabajador elegido hasta acabar por inutilizarlo, después de un lento proceso de desgaste del que, a diferencia del acoso sexual o la violencia física, no quedan huellas aparentes.

La víctima, que según los psicólogos queda sumida en la confusión porque se ve como culpable o responsable —"Algo hago mal, no sirvo para nada..."— va deteriorándose profesionalmente y psicológicamente hasta perder su capacidad de autoestima: primer paso para caer, en algunos casos y cuando la situación se prolonga por encima de los seis meses, en la depresión, enfermedades psicosomáticas relacionadas con el estrés mantenido, el insomnio, el alcoholismo e incluso el suicidio.

—La lenta y silenciosa alternativa al despido.
Cruz Blanco, Madrid, 13 abril 2001

Un estudio, *Violencia en el entorno laboral*, refleja que un 11,44% de los trabajadores españoles (1.671.956 personas) se considera víctima de acoso laboral, una actuación por la que un superior aísla al trabajador, sometiéndole a la anulación de su capacidad profesional y al deterioro psicológico. Se le llama también psicoterror, acoso colectivo o intimidación, un fenómeno que corresponde a los países ricos y que se desarrolla en las empresas públicas y privadas que no pueden o no quieren despedir al trabajador señalado. "Las cifras españolas son alarmantes y pueden deberse a la creciente precarización del empleo".

La investigación considera víctima u hostigado a todo aquel que, entre otras peculiaridades, haya sufrido una o más veces por semana, y durante más de seis meses, comportamientos como negativa de comunicación e información profesionales por parte del jefe, actitud de rechazo de los compañeros, crítica sistemática a su trabajo, maledicencias sobre su vida privada, gritos y amenazas, asignación de trabajos de categoría inferior, atribución de fallos psicológicos y de falsas enfermedades, ridiculización del aspecto físico, asignación de tareas humillantes, aislamiento físico o inactividad prolongada.

Los últimos datos relativos a España fueron los publicados por la Organización Internacional del Trabajo (OIT) en diciembre de 2000 y cifran los casos españoles en 750.000 y entre ellos hay más mujeres afectadas que hombres. "Que más del 10% de una plantilla sienta una pesada carga por la violencia psicológica y que más del 16% confiese que reduce su eficacia supone un gran lastre para la cuenta de resultados de una organización", afirma el psicólogo del trabajo y director de la encuesta.

En procesos prolongados, muchos de los acosados no llegan a recuperarse totalmente del trauma psicológico provocado por la pérdida de autoestima, amén de una lista de enfermedades psicosomáticas y hasta de casos de suicidio: en Suecia, del 10% al 15% de los suicidios se atribuye a este acoso laboral (mobbing). "La víctima de este tipo de acoso huye de contarlo porque se echa a llorar. Graba en su memoria las agresiones y humillaciones y las revive una y otra vez a través de pensamientos, imágenes y emociones, en especial en el momento del sueño, en el que todo lo que se ha reprimido por doloroso cae de nuevo en la esfera de la actividad cognitiva", explica el director del estudio.

Los estudios internacionales describen al agresor como un "psicópata, mediocre profesional que no experimenta sentimientos de culpa y funciona por envidias y complejos; en ocasiones actúa amparado por una mala organización de la empresa. El hostigado aparece como persona brillante, trabajadora, honrada y solidaria".

—*Más de millón y medio de españoles son víctimas de acoso moral en el trabajo.*
Cruz Blanco, Madrid, 4 junio 2001

Vocabulario

acoso sexual	sexual harassment
acudir a	to have recourse to
agredido	assaulted
alentado	encouraged
(en) amparo	in appeal (to a higher court)
arrinconando	cornering
asesoramiento	evaluation
autoexcluirse	to exclude oneself
carga de probar	burden of proof
chorreo	flood
cosificación	objectification
culo; culito	ass; cute ass
daño	damage
desdoro	tarnish
desgastando	wearing out
día de su onomástica	one's saint's day, celebrated in Spain like a birthday
disfrutar	to enjoy
exculpar	to exonerate
fallo	(in context) verdict, ruling
fiscal general	attorney general
halagador	flattering
hostia	slap
hostigador	harasser
huella	trace
incomodar	to annoy; to make someone feel uncomfortable
indigno	contemptible
IU (Izquierda Unida)	United Left (political party)
lastre	dead weight
libidinoso	lustful, lecherous
patrono	boss
pedir disculpas	to ask forgiveness
piropo	compliment
ponente	spokesperson for a committee
poner de relieve	to point out
ponérsele dura	to get a hard-on
rareza	oddity
rechazo	rejection
represalia	reprisal; act of retaliation
recurso de amparo	a statute presented before a high court when fundamental legal rights are not upheld in another court

revocar	to overturn
tomar cartas en este asunto	to take the bull by the horns
vulnerado	violated

Preguntas sobre la lectura

1. ¿Cómo acosó el empresario a la empleada?
2. ¿Cuál es el fallo de la Sala de lo Social de Galicia?
3. ¿Qué razones dió la Sala de lo Social de Galicia cuando consideró que no se había producido acoso sexual?
4. ¿Por qué anuló el Tribunal Constitucional el fallo de la Sala de lo Social de Galicia?
5. ¿Según El Constitucional por qué el acoso sexual en el trabajo afecta más a la mujer que al hombre?
6. ¿Qué establece el tribunal Constitucional sobre el acoso sexual?
7. ¿Qué información se proporciona sobre el caso de Ana María y Salvador?
8. ¿Qué quiere decir "cosificación" de la mujer?
9. ¿Qué palabras son reconocidas como piropo y no acoso sexual?
10. ¿Qué estima la Sala de lo Social?
11. ¿Qué dice de las referencias al "culito"?
12. ¿Qué sentencia dictaminó el Tribunal Supremo de Baleares?
13. ¿Qué declara el Tribunal Supremo de Cataluña?
14. ¿Qué críticas causó dicha sentencia?
15. ¿Qué añade el fiscal general del estado?
16. ¿Qué es el acoso moral y cuales son sus estadísticas?
17. ¿Cómo se produce y con qué causa?
18. ¿Cómo suelen reaccionar las víctimas?
19. ¿Qué se dice del acoso moral en España?

Más allá de la lectura

1. ¿Qué entiende Ud. por acoso sexual?
2. ¿Por qué es tan polémico?
3. ¿Conoce Ud. a alguien que ha sido víctima de acoso sexual o acusado de acoso sexual? ¿Qué y cómo pasó?
4. ¿Qué pruebas debe haber para comprobar el acoso sexual?
5. ¿Qué se puede hacer para reducir casos de acoso sexual?
6. ¿Cree Ud. que es un problema muy común en nuestra sociedad? ¿Por qué?
7. ¿Conoce Ud. a alguien víctima del acoso moral? ¿Qué pasó?

5

El Gobierno español acepta cada año sólo 30.000 inmigrantes

Los empresarios quieren traer a temporeros

Carlos E. Cué, Madrid, 7 enero 2000

A pesar de las supuestas necesidades de mano de obra que España tendrá en el futuro, según el informe de la ONU, el Gobierno establece un cupo para inmigrantes no comunitarios que para 1999 fue de sólo 30.000 personas, muy ligeramente superior al de años anteriores. La cifra del 2000 no será muy diferente. Al margen del cupo, se trata de articular mecanismos para que los inmigrantes trabajen sólo como temporeros, tal y como piden los empresarios.

Ese número de 30.000 personas que pudieron acceder a un permiso de trabajo en España con plenos derechos es claramente insuficiente si se tiene en cuenta que las solicitudes fueron 94.819. Es decir, las personas que pedían trabajar en España de forma legal triplicaban a las que el Gobierno consideraba necesarias o aceptables. El número de solicitudes duplicó el de 1998. En todo caso, el Ejecutivo asegura que muchas de las personas que solicitan un permiso lo hacen desde sus países, por lo que se estima que los no comunitarios que trabajan en España de forma irregular son entre 70.000 y 100.000. Y casi todos ellos intentan, año tras año, acogerse al cupo junto a los recién llegados.

La nueva Ley de Extranjería, aprobada pese al rechazo del PP, no elimina este sistema, aunque establece vías alternativas y relativamente accesibles para conseguir trabajar en España. Claro que es el Gobierno el que debe facilitar su aplicación, y el propio Partido Popular ya ha anunciado que la cambiaría si gana las próximas elecciones.

Temporeros

Al margen de polémicas políticas, diversos colectivos de empresarios españoles, especialmente los que se dedican a la agricultura en zonas como Almería, han solicitado al Gobierno que facilite la entrada de inmigrantes para paliar la escasez de mano de obra poco cualificada con la que aseguran encontrarse.

El pasado mes de octubre, el Ministerio de Trabajo, dirigido por Manuel Pimentel, anunció a bombo y platillo un convenio con Marruecos para dar entrada a ciudadanos de ese país que trabajarían como temporeros para luego volver a sus casas con un buen dinero ahorrado. Sin embargo, nada se ha vuelto a saber sobre la efectividad de este acuerdo.

Sólo hay una cosa clara: en provincias como Almería, un lugar conocido por todos los marroquíes que cruzan el Estrecho y quieren trabajar en los invernaderos desperdigados por la costa, las solicitudes son casi el cuádruple de los menos de 3.000 permisos que se conceden, algo de lo que se quejan los inmigrantes pero sobre todo los empresarios.

El ministerio reconoce que esos trabajadores son necesarios, y se considera como una iniciativa de este departamento la inclusión en la nueva Ley de Extranjería de un artículo dedicado especialmente a ellos. Es el número 41, que establece no sólo que se facilitara la entrada y salida, sino que además la Administración deberá velar para que los trabajadores sean alojados en viviendas "con condiciones de dignidad adecuadas".

Después de la fuerte polémica creada tras la aprobación in extremis de la ley y sin el apoyo del partido del Gobierno, también está en duda la aplicación de este apartado, aunque la propia Administración reconoce que es la única manera de garantizar que cosechas enteras no queden sin recoger por falta de mano de obra.

Ampliación de la lectura

La población española alcanza este año los 40 millones de habitantes. El aumento se debe, sobre todo, al crecimiento del número de inmigrantes. El repunte de la natalidad y el aumento de la esperanza de vida también contribuyen a alcanzar la cifra mágica que echa por tierra las previsiones del INE. Hasta ahora, el INE cifraba la población española en 39.852.651 personas. El aumento de la inmigración ha pesado notablemente en el alza de los pobladores. Este año habrá 200.000 nuevos ciudadanos extranjeros con estancia regularizada en España, una cifra superior a la prevista al iniciarse el proceso de legalización. Según el Gobierno, en España hay 607.057 inmigrantes no europeos, a los que hay que sumar los continentales.

Otro motivo para el incremento de la población es el aumento de los nacimientos: crecieron un 4,4% en 1999, año en el que se registraron 15.879 natalicios más que en el anterior. Esto llevó a algún experto a lanzar pronósticos optimistas sobre la recuperación de la fecundidad. La natalidad española comenzó a descender sostenidamente a partir de 1976, año récord con 677.456 bebés. Sólo en tres anualidades posteriores (1992, 1997 y 1999) se rompió la tendencia a la baja. El promedio de hijos por mujer en edad fértil está situado en torno a 1,2 y es uno de los más bajos del mundo. Se espera que en el año 2020 la tasa alcance los 1,4 hijos por mujer. Sin embargo, aún en ese supuesto, se estaría lejos de alcanzar el nivel de reposición, situado en 2,1. También hay que tener en cuenta la aportación a la natalidad de los inmigrantes. Según el INE, al menos el 5% de los nacidos en España son de madre o padre extranjero, según los datos de 1997, último año disponible.

El tercer elemento que colabora en el aumento de la población es la mayor longevidad. Según la oficina europea de estadísticas, Eurostat, las españolas que nacen ahora tienen, junto con las suizas, la mayor esperanza de vida de Europa y una de las más altas del mundo (82,5 años). Los españoles, con 75,3 años, figuran en el cuarto puesto continental, por detrás de suecos, griegos e italianos.

—España alcanza ya los 40
millones de habitantes
gracias a la inmigración.
El País, Madrid, 13 diciembre 2000

En el 2050 España, con una edad media de 55 años, será el país más viejo del mundo y habrá perdido el 21,8% de su población actual. Esto planteará serios problemas para mantener la población activa y el actual sistema de pensiones. De seguir así la relación entre activos y retirados pondrá en peligro las jubilaciones.

—España pasará de 40 a 31
millones de habitantes
en los próximos 50 años.
Isabel Piquer, Nueva York, 28 febrero 2001

La población española actual se reducirá en aproximadamente diez millones de personas para el año 2050, a menos que se acepte una cantidad significativa de emigrantes. De hecho, en ese año España será el país con mayor porcentaje de ancianos del mundo.

Según las proyecciones, se espera que la población española pase de los 39,6 millones actuales a unos 30,2 millones en el año 2050. Esto representa una pérdida neta de 9,4 millones de personas, equivalentes a un 24% del total, como consecuencia de la baja tasa de natalidad del país, en estos momentos del 1,2.

El Gobierno español acepta cada año sólo 30.000 inmigrantes 37

La población mayor de 65 aumentará desmesuradamente, de seguir la tendencia actual, será en el año 2050 un 37% por ciento del total de la población, frente al 17% actual. Esto significa un incremento de ancianos del 17% en los próximos 50 años, con lo cual España sería el líder del mundo industrializado en porcentaje de población mayor de 65 años.

España tendría que aceptar una media anual de 170.000 emigrantes durante los próximos 50 años para mantener constante su actual población. Esta cifra tendría que aumentar hasta los 260.000 si se quisiera mantener constante el porcentaje de población trabajadora (entre los 15 y 64 años), la que debe sustentar a la población mayor con la seguridad social y las pensiones. Si se quisiera mantener en los niveles actuales la relación entre población activa y población mayor, España tendría que aceptar una media anual de 1,58 millones de emigrantes para el año 2050. Será todo un desafío tratar de resolver el problema del envejecimiento de la población española con la emigración.

—España será el país industrializado
con el mayor porcentaje
de ancianos en 2050.
El País, Agencias, 22 marzo 2000

España tendrá la media de edad más elevada del mundo en el año 2050. Consecuentemente, si quiere mantener el equilibrio entre ciudadanos activos y jubilados deberá acoger a 12 millones durante el próximo medio siglo, es decir, casi 300.000 inmigrantes por año. Todavía existen más españoles residiendo fuera de España que extranjeros en España. Actualmente sustenta el índice de fecundidad más bajo del mundo (1,07) y la población más envejecida de Europa. El gobierno sólo acepta anualmente a 30.000 y 973 refugiados. En el 2000 entraron 200.000 inmigrantes sin papeles y pidieron su regularización. La gran mayoría de los inmigrantes del Magreb y del área subsahariana son hombres. Al contrario, los procedentes de Latinoamérica y Asia son mujeres. Sus salarios son generalmente inferiores a los que perciben los trabajadores autóctonos y sufren de mayor precariedad laboral.

—La Comisión de Ayuda al Refugiado afirma que
España necesita 300.000 inmigrantes al año.
Tomás Bárbulo, Madrid, 25 enero 2001

España deberá de acoger unos 240.000 inmigrantes al año de aquí al año 2050 para mantener la actual fuerza de trabajo. España tendrá que recurrir masivamente a mano de obra extranjera para conservar su población y garantizar las pensiones de sus habitantes. Si no cambian las tendencias actuales España pasará en medio siglo de 40.000.000 a 30 millones. En España hay actualmente 4 trabajadores activos por uno jubilado. En 50 años serán 2 por cada jubilado.

—España necesitará 12 millones de inmigrantes
de aquí al año 2050, según la ONU.
Isabel Piquer, Nueva York, 7 enero 2000

El 78,7% de los españoles cree que sólo se debería permitir la entrada en España de inmigrantes que tengan un contrato de trabajo. Hace un año contestaban así el 65%. Sólo el 13% responde que no pondría obstáculos legales a las llegadas de extranjeros. El sondeo vuelve a constatar que la inmigración es el tercer problema más importante para los españoles, tras el terrorismo y el paro. Los españoles confirman que hay empleos que deben cubrir los extranjeros. El 61% coincide en que hacen falta trabajadores inmigrantes en España. Sólo el 3,2% prohibiría por completo la entrada de trabajadores inmigrantes. El 49,8% de los ciudadanos reconoce que en términos generales la inmigración es más bien positiva. Y el 42% señala que le parecen demasiados los inmigrantes que viven en España, si bien el 40,2% puntualiza que son bastantes, pero no demasiados. El 86% sostiene, a diferencia de la estrategia del Gobierno respecto a la inmigración, que no hay que dar un trato diferenciado a los inmigrantes en función de su país de procedencia, sobre el 9% que opina lo contrario. La mayoría de ellos prefiere ante todo a los iberoamericanos (56%). Y sólo un 4,4% se decantan por los procedentes de Marruecos y Argelia. En la escala de simpatía hacia los países de origen de los inmigrantes, la peor nota la reciben los norteafricanos y marroquíes (5,9) en una escala de 1 a 10, y la mejor los europeos y los latinoamericanos (7,1). Un 93,7% dice que les importaría poco o nada que sus hijos compartieran en el colegio la misma clase con hijos de inmigrantes. Un 27,5% admite que les preocuparía mucho o bastante que un hijo se casara con una persona magrebí. De otro lado, el sondeo muestra un descenso del optimismo de los ciudadanos ante la situación política, el 25,3% la considera buena o muy buena.

—El 79% de los encuestados por el
CIS apoya que sólo se admita a
inmigrantes con contrato de trabajo.
J. Casqueiro, Madrid, 29 marzo 2001

Las redes que se dedican a captar, trasladar y explotar a inmigrantes procedentes de los países más desfavorecidos crecen alarmantemente debido al negocio que ello representa. Desde 1998 han

El Gobierno español acepta cada año sólo 30.000 inmigrantes

traslado a más de 60.000 inmigrantes. La policía pide a las víctimas que denuncien a las mafias a cambio de obtener su regularización.
—*La policía detecta un aumento de mafias que explotan a inmigrantes.*
José María Irujo, Madrid, 28 enero 2001

Los inmigrantes abastecen determinados sectores económicos españoles como el de la construcción, el agrícola, el servicio doméstico y la atención a ancianos. Los ciudadanos españoles son cada vez más reacios a aceptar empleos en esos mismos sectores debido a las malas condiciones laborales. Existe indudablemente un fenómeno de rechazo hacia determinados trabajos por parte de los españoles. Las aspiraciones laborales de los españoles son cada vez más altas y muchos prefieren cobrar el paro que aceptar determinadas condiciones de trabajo. Los inmigrantes hacen los trabajos que no quieren los españoles y no les roban trabajos. El alto nivel de desempleo es compatible con la demanda de mano de obra inmigrante porque hay una fuerte economía sumergida, que supone aproximadamente un 20% del total. Durante el año 2000 se concedieron en toda España más de 125.000 permisos de trabajo a extranjeros.
—*Los trabajos que no quieren los españoles.*
Patricia Ortega Dolz, Madrid, 11 febrero 2000

El Ministerio de Defensa planea reclutar 2.000 inmigrantes al año para resolver el déficit de reclutamiento de nacionales. Los extranjeros no podrán ascender más allá de soldados ni permanecer más de seis años en el ejército, salvo que obtengan la nacionalidad española; su acceso se restringirá a determinadas unidades y su presencia estará sujeta a porcentajes máximos. No podrán superar el 30% de la tropa ni el 10% en la Marina. El acceso a los ejércitos quedará reservado a "ciudadanos de países hispanoamericanos", con quienes, dada su identidad de lengua con los españoles, "no debería haber problemas significativos de integración cultural". Se prevé un ejército de 85.000 personas.
—*Defensa necesita 2.000 inmigrantes al año para paliar el déficit de tropa.*
Miguel González, Madrid, 20 marzo 2001

España ha recibido 59 millones de visitantes, de los que 38,5 eran turistas, en los nueve primeros meses del año 2000, lo cual representa un incremento del 2,8% respecto al mismo periodo de 1999. El Reino Unido proporciona uno de cada tres turistas y le sigue Alemania como segundo. El Gobierno se propone intensificar el turismo cultural, con el objeto de incrementar el número de turistas que visitan España atraídos por ese tipo de turismo puesto que España es una de las principales potencias culturales.

—*El número de turistas aumenta un 2,8% en los nueve primeros meses.*
Antonio Hernández-Rodicio, Cádiz, 28 octubre 2000

El estudio establece que España está entre los países cuya población aumenta y debido sobre todo a la inmigración. Mientras la Europa unida perdió dos millones de habitantes en 2000 y se quedó en 785 millones, la población española, debido a la inmigración, creció un 1% en 2000 y alcanzó los 40.121.700 habitantes. España es uno de los países donde más aumentan los residentes extranjeros: 895.700 en 2000 (un 2,2% de la población).

—*Las mujeres españolas tienen la mayor esperanza de vida en Europa con 82,7 años.*
Miguel Bayón, Madrid, 7 diciembre 2001

Vocabulario

abastecer	to supply
alcanzar	to reach
alojado	housed
alza	rise
apartado	clause
(a) bombo y platillo	with great fanfare
constatar	to confirm
cosecha	harvest
cupo	quota
desafío	challenge
desmesuradamente	disproportionately
desperdigado	scattered
envejecimiento	aging
estancia regularizada	legally appproved stay
Estrecho (de Gibraltar)	Strait (of Gibraltar)
invernadero	greenhouse
jubilación	retirement
jubilado	retired person
(a) lanzar	to launch
Magreb	North Africa
mano de obra	labor
natalicios	births
paliar	to ameliorate

El Gobierno español acepta cada año sólo 30.000 inmigrantes 41

(a) pesar de	in spite of
pese a	despite
pleno	full
PP (Partido Popular)	People's Party
reacio	resistant
salvo	unless
sondeo	survey
sostenidamente	continuously
sustentar	to sustain
tal y como	just as
temporero	temporary worker
velar	to oversee

Preguntas sobre la lectura

1. ¿Cuántos inmigrantes no comunitarios reciben permisos de trabajo en España cada año?
2. ¿Refleja el número de permisos la demanda de mano de obra?
3. ¿Cuántas personas solicitaron un permiso de trabajo?
4. ¿Aproximadamente cuántos trabajadores indocumentados hay en España?
5. ¿Por qué piden muchos empresarios dedicados a la agricultura que se permita entrar a más obreros poco cualificados?
6. ¿Qué dice el artículo 41 de la nueva Ley de Extranjería?
7. ¿Por qué es dudoso que este nuevo artículo tenga éxito en ofrecer suficientes trabajadores agrícolas?
8. ¿Cuáles serían las ventajas para España y para Marruecos de un convenio para dar entrada a temporeros?
9. ¿Cómo se mantendrá la población activa?
10. ¿A cuánta inmigración habrá que recurrir?
11. ¿Quién pagará las pensiones?
12. ¿Cómo vivirá una sociedad más vieja?
13. ¿Cómo trata de controlar el gobierno la inmigración?
14. ¿Qué piden los empresarios?
15. ¿Cuántas son las solicitudes de trabajo?
16. ¿Qué convenio se establece con Marruecos sobre los temporeros?
17. ¿Qué ocurre en Almería?
18. ¿Qué incluirá el gobierno en la nueva Ley de Extranjería?
19. ¿Qué se deberá hacer para mantener el equilibrio de la población?
20. ¿De dónde proceden la mayoría de los inmigrantes?
21. ¿Qué trabajos ocupan generalmente los inmigrantes?

22. ¿Cúal es la relación trabajador activo y jubilado? ¿Cúal será en el futuro?
23. ¿Cuáles son los planes del Ministerio de Defensa?
24. ¿A qué se debe que España ha alcanzado los 40 millones de habitantes?
25. ¿Qué datos sobre los inmigrantes se mencionan?
26. ¿Qué datos se señalan sobre la natalidad?
27. ¿Qué datos se apuntan sobre la esperanza de vida?
28. ¿Cuáles son las cifras que se proyectaban?
29. ¿Cómo y cuánta será la población de España a mediados de este siglo?
30. ¿Cuáles son los datos proyectados hasta el 2050?
31. ¿Qué cantidades de visitantes y turistas recibe España?
32. ¿De dónde provienen en su mayoría?
33. ¿Qué cifras de inmigrantes se proponen para mantener el equilibrio de la población?
34. ¿Qué turismo pretende potenciar España?
35. ¿Cuáles se perciben como los principales problemas?
36. ¿Qué porcentajes se mencionan con respecto a la inmigración?
37. ¿Cuáles son los inmigrantes preferidos y por qué?
38. ¿Cómo se percibe la situación política?

Más allá de la lectura

1. ¿Por qué cree Ud. que algunos políticos no quieren autorizar permisos de trabajo a más extranjeros cuando los empresarios insisten en que se necesita más mano de obra?
2. El artículo dice que muchos indocumentados que ya están trabajando en España solicitan un permiso de trabajo cada año. ¿Cómo cambiarían sus vidas si obtuvieran un permiso de trabajo?
3. ¿Cuáles son algunos de los inconvenientes de trabajar sin un permiso de trabajo?
4. ¿Cómo es la vida de un trabajador inmigrante?
5. España es un país con una tasa alta de desempleo. Sin embargo se usan trabajadores extranjeros para muchos trabajos agrícolas. ¿Por qué cree Ud. que es necesario importar mano de obra cuando hay muchos nacionales sin empleo?
6. ¿Por qué provocan fuertes polémicas las leyes sobre permisos de inmigración y trabajo?
7. ¿Cuáles deben ser los criterios para decidir quiénes pueden inmigrar?
8. ¿Qué es más importante: experiencia profesional, estudios, lazos familiares, necesidad económica, país de origen o persecución política en el país de origen?

6

La SGAE certifica que la mitad de los españoles nunca lee ni va al cine

Una encuesta con 24.000 entrevistas revela los usos culturales de los 90

Miguel Mora, Madrid, 19 enero 2000

El Informe SGAE presentado ayer en Madrid rompe varios tópicos y confirma varias certezas sobre los usos culturales de los españoles. Entre lo ya intuido, destaca que un 75% de la población nunca va al teatro y que la mitad no lee nunca un libro ni va al cine. Entre las sorpresas, resulta por ejemplo que los que van al cine van muchísimo. La media total es de 2,98 veces al año, mientras la europea es de 2,18. O que nos gusta tanto el cine español como el americano. Los menores de 20 se desmarcan: devoran pop rock y cine americano.

El estudio elaborado por el Centro para la Investigación del Mercado Cultural (Cimec), de la SGAE, es el resultado de 24.000 entrevistas realizadas entre 1997 y 1998. Los encuestados, mayores de 14 años, respondieron a un cuestionario de 108 preguntas divididas por sectores: música, teatro, artes audiovisuales, lectura y otras actividades. El estudio es el primero de estas características que se realiza en España desde el que hizo el Ministerio de Cultura en 1991, y permite analizar la evolución de los gustos culturales, aunque los responsables de Autores, Eduardo Bautista y Francisco Galindo, advirtieron que repetirán el estudio año a año ya que su "caducidad" es vertiginosa.

El estudio refleja una comunidad compleja, fragmentada en sus gustos, que accede desigualmente a la cultura según su estatus social y que parece preparada para los nuevos retos tecnológicos. En equipamiento de reproducción de música, televisión y vídeo, los hogares españoles están a la altura europea: el 100% tiene radio y cerca del 90% tiene algún aparato reproductor de música (el 72,4%, de casetes). En 1997, un 46% tenía reproductor de CD; en 1998, la cifra sube al 51,4%. Un 73% tiene al menos un vídeo en casa (frente al 42% en 1991), y el 98,9%, al menos un televisor.

En cuanto a los hábitos de escucha, un 62% de los españoles oye música en casa a través de CD o casetes alguna vez por semana, mientras el 82,2% lo hace a través de la radio. Destaca, sobre todo, que el 31,1% de los encuestados en 1998 escucha música a diario, frente al 19,4% que lo hacía en 1991.

Por gustos, triunfa la música actual frente a la clásica (un 92,3% de los españoles nunca ha ido a un concierto de música culta). Y dentro de la categoría *moderna* destacan los cantautores (el 42,5% dice tener mucho interés por esa música), la canción española (42,4%), los baladistas (35,7%) y el pop rock convencional (32,8%). Le siguen la música latinoamericana (28,5%) y el flamenco (25,8%). Por edades, la música disco y el pop rock son mayoritarias entre los jóvenes de 14 a 25 años, mientras los mayores de 65 prefieren el flamenco y la canción española. A la hora de comprar discos, un 44,2% no lo hace nunca. La demanda pertenece a los menores de 35 años, de clases medias y altas; su preferencia es el pop rock (31–37,1%).

La misma hegemonía se produce entre los asistentes a conciertos: un 18,8% va a conciertos rock; un 7,7% a clásica, un 5% al flamenco. La danza y la ópera son mucho más minoritarias; sólo el 2% va alguna vez a ver danza y un 1,8% va a la ópera. Los que no van exigen más formación clásica y precios más baratos. Para un 40,3% es fundamental oír música cantada en español (la cifra crece con la edad), mientras a un 26,7% le interesan otros idiomas, un 30,2% no se fija y un 1,4% prefiere el inglés.

El teatro experimenta cierta mejoría dentro de la gravedad: el 75,4% no va nunca (frente al 86,1% en 1991) y los menores de 20 años manifiestan un desinterés absoluto. En cuanto al cine, cae el tabú americano: de 0 a 6, la gente valora el cine español con un 3,90; el *made in USA* recibe un 3,92 y el europeo un 3,24. Pese a ello, el 89,13% vió una película americana la última vez que fue al cine. Los que más van son menores de 35, de clase media y estudios universitarios.

En la lectura, se confirman algunas malas noticias: el 49,1% nunca lee un libro y sólo un 38,7% compró un libro en el último año. De ellos, el 89% prefiere la literatura actual. Los periódicos mantienen un 30% de lectores diarios.

Ampliación de la lectura

Algo menos de la cuarta parte del total de habitantes de España tiene entre 15 y 29 años. Los jóvenes suman 8.978.326, de los cuales 4.580.784 son hombres y 4.397.542 son mujeres. Cada vez se prolonga más la infancia y se retrasa el paso a la edad adulta. Se es niño hasta los 15 años y se deja de ser joven a los 34. Según el 43% de los encuestados, la infancia (niñez) ha sido la etapa más feliz de la vida debido a la falta de responsabilidades. Sólo el 32% de los jóvenes viven independientes de la familia económicamente a los 25 años. A los 29, el 72%. Las dificultades en esta emancipación económica retrasan progresivamente la edad de salida del hogar para formar una nueva familia. Actualmente la edad promedia para irse de casa es de 26 años. La gran mayoría de los jóvenes, sin embargo, optaría por la independencia de sus padres si pudiese. El retraso en la edad de abandono del hogar también implica una disminución en el número de jóvenes que viven en pareja (sólo una de cada cinco mujeres comparte vivienda con su compañero). Esto, a su vez, desemboca en un descenso en la expectativa de tener hijos. Este hecho, que no es ajeno a la bajísima tasa de natalidad española, se debe, sobre todo, a la sensación de que no se va a contar con los recursos económicos suficientes para mantener una familia. La actividad preferida durante el tiempo libre de los jóvenes sigue siendo la televisión, sobre todo si se está en casa. Aunque cada vez disminuye más. En 1995 eran 14 horas semanales, frente a 13 en 1999.

También continúa disminuyendo la lectura en cantidad y en frecuencia. En 1995 la proporción de lectores de medios impresos era de un 26%. Ahora es de sólo el 14%. El uso de las nuevas tecnologías, en cambio, ha crecido a un ritmo vertiginoso. Un 53% de jóvenes utiliza el ordenador y un 22%, además, Internet. Se observa un continuo crecimiento de los no creyentes en la religión y los indiferentes influidos por la inseguridad en el futuro y la sensación de que se dispone de escaso control sobre el porvenir. Paralelamente, ha crecido el número de jóvenes que afirma que cree en profetas, enviados y elegidos. Un 22% frente a un 15% en 1995. Ahora un 33% de los jóvenes cree en horóscopos, frente a un 22% de hace cinco años. La proporción de jóvenes que se sienten fracasados en el sistema educativo es elevada, sobre todo en la adolescencia. Uno de cada tres manifiesta haber experimentado fracaso escolar. Un 9% se siente muy fracasado en la escuela, colegio o instituto. En la universidad esta tasa de desencanto desciende al 2%. La familia tradicional sólo existe en el 45% de los hogares de los jóvenes. Un 7% carece de padre o madre por divorcio o fallecimiento.

—El 30% de los jóvenes españoles
considera la inmigración
"perjudicial para la raza".
T. Escarraga, Madrid, 20 octubre 2000

El 42% de los españoles reconoce no leer libros nunca o casi nunca. En un 30% de los hogares españoles no se compró ni un solo libro el año pasado. El 58% de los 2.000 encuestados se declara lector de libros. El 36% lee todas las semanas (5,7 horas de media) y el 22% lo hace sólo alguna vez al mes o al trimestre. El tipo de libro preferido por los lectores es la novela (el 83%), seguido de los volúmenes de historia y las biografías (el 28%). La poesía es el asunto favorito del 12% de los españoles que lee, mientras que un 7% se decanta por el teatro y otro 7%, por el ensayo. Pese a que sólo se encuestó a mayores de 16 años, un 6% escogió la literatura infantil y juvenil como su tema de lectura favorito. El porcentaje de mujeres lectoras (59%) supera en tres puntos al de hombres. Los que más leen, según la edad, son los que tienen entre 16 y 24 años (71%) y los que menos, los mayores de 55 (42%). Por territorios, el mayor porcentaje de lectores se encuentra en Madrid (69%), Barcelona (64%) y el Norte (65%). El hábito de lectura es claramente proporcional al nivel de estudios. Los extremos los representan los encuestados con estudios superiores (86%) y la población sin estudios (25%). En cuanto a la ocupación, los que más leen son los parados (79%) y los estudiantes (76%).

Respecto a los hábitos de compra, en el 35% de los 1.000 hogares analizados se compró en 2000 de uno a cinco libros, y el 21% de las familias encuestadas compró más de 10 libros a lo largo de todo el año. El motivo principal para adquirir libros es el ocio (64%), seguido del trabajo o los estudios (21%) y los regalos (14%). La encuesta de los editores refleja que el 42% de los libros que se compran son elegidos por su tema, el 23% por el nombre de su autor y el 12% por su título. Lo que más se vende es la literatura (67% de las compras) —especialmente narrativa, acapara el 90% de la literatura que se vende, frente a un 4% de poesía y un 2% de ensayo— seguida de los libros de humanidades y ciencias sociales (14%). La mayor parte de los 10.589 libros adquiridos por las familias encuestadas en 2000 se compraron en el primer trimestre del año. De ellos, un 9% fueron coleccionables, fascículos o cómics. El lugar preferido por los encuestados para comprar libros son las librerías (40%), mientras que la distribución por correo sólo representa de momento un 2% de las ventas.

—*Un estudio revela que el 42% de los españoles no lee nunca o casi nunca.*
Juan J. Gómez, Madrid, 17 marzo 2001

El filósofo Julián Marías (Valladolid, 1914) impartió ayer una conferencia, sin papeles, en la Academia de la Historia sobre los últimos 25 años de la cultura española en la cual afirmaba que la situación actual de la cultura española es "en conjunto, muy buena y mejor que la media europea". Estima Julián Marías que "España es hoy el país europeo en el que se leen más libros de pensamiento". A diferencia de lo que sucede en otros países europeos, en España se sigue leyendo a autores muertos hace mucho tiempo, "autores más vivos que muchos vivientes", señaló.

—Julián Marías afirma que España es el país europeo donde se leen más libros de pensamiento.
Juan J. Gómez, Madrid, 24 febrero 2001

El 90% de los jóvenes españoles entre 15 y 24 años vive con su familia, el 82% está contento con su vida. Lo que más valoran es la familia, lo que menos la política y la religión. Lo que más les preocupa es el desempleo. Únicamente el 2% de ellos se sienten europeos. Cuando salen por las noches el 44% vuelve después de las 4 de la mañana. El 67% de ellos cree en la existencia de Dios, pero sólo un 13% es católico practicante. Un 21% no ha tenido relación con la iglesia católica. El 45% cree en que hay vida después de la muerte, el 41% en los horóscopos, el 33% en la predicción del futuro. El 29% en personas con poderes curativos, el 27% en la reencarnación, el 26% en la resurrección de los muertos. Desconfían de los políticos pero no son apolíticos ni conformistas y tienden a llevar la contraria a los gobernantes.

—La juventud española otorga más cualidades a la mujer que al hombre.
Juan J. Gómez, Madrid, 17 noviembre 1999

Vocabulario

a lo largo	throughout
acaparar	to monopolize
actual	modern; current
ajeno	unrelated
caducidad	expiration; obsolescence
cantautor	singer-songwriter
certeza	truth; certainty
creyente	believer
decantarse	(in context) to show preference
desmarcarse	to distance oneself
destacar	to bring out
encuesta	survey
ensayo	essay
enviado	(in context) an envoy from God
estimar	to estimate

etapa	stage
fascículo	book published in installments
gravedad	seriousness
lectura	reading
niñez	childhood
ordenador	computer
por gustos	by order of preference
porvenir	future
romper	to break (down)
SGAE (Sociedad General de Autores de España)	Society of Spanish Writers
sin papeles	on the spur of the moment
vertiginoso	very rapid; dizzying
vivienda	dwelling

Preguntas sobre la lectura

1. ¿Qué tópicos rompe y qué confirma el informe?
2. ¿Qué sorpresas se destacan?
3. ¿Qué sectores cubre el estudio?
4. ¿Cambian mucho los gustos culturales?
5. ¿Qué refleja el estudio?
6. ¿Qué porcentaje escucha música y en que medios?
7. ¿Qué porcentajes escuchan diferentes tipos de música?
8. ¿Qué porcentajes asisten a conciertos y a otras actividades?
9. ¿Qué porcentaje prefiere música en inglés?
10. ¿Qué se dice en cuanto a las artes visuales? ¿Y con respecto a la lectura?
11. ¿Qué hábitos de lectura presentan?
12. ¿Qué señala el filósofo Julián Marías?
13. ¿Qué otros rasgos se describen de los jóvenes españoles?

Más allá de la lectura

1. ¿Qué tipo de música prefiere Ud.?
2. ¿Cada cuánto tiempo asiste Ud. a conciertos?
3. ¿Va Ud. mucho al cine? ¿Qué tipo de películas le gustan?
4. ¿Cuáles son sus programas favoritos de televisión y por qué?
5. ¿Qué diferencias nota Ud. entre sus gustos y los de sus padres?
6. ¿Utiliza Ud. mucho la computadora? ¿Para qué?
7. ¿Los jóvenes de EE.UU. se comprometen mucho o poco con lo social? ¿Qué problema social le preocupa a Ud.?
8. Describa el libro que Ud. eligió recientemente para leer.

7

El consumo de drogas disminuye desde 1997, pero crece el hábito de mezclar sustancias

Más del 74% de los españoles tomó alcohol durante 1999, y un 43,7% fumó tabaco

Emilio de Benito y Amaya Iríbar, Madrid, 5 febrero 2000

El alcohol y el tabaco siguen siendo con diferencia las drogas favoritas de los españoles, y ello pese a que en 1999 fumaron un 1,2% menos y bebieron un 3% menos de los ciudadanos que en 1997. El consumo de drogas ilegales también disminuyó ligeramente durante los dos últimos años. En cambio, en los 30 días anteriores a que se realizara la Encuesta Domiciliaria sobre el Consumo de Drogas de 1999, un 62% de entre quienes tomaron estas sustancias combinaron dos o más de ellas, frente a un promedio del 40% de quienes sólo consumieron un producto.

Muy por detrás de los aficionados a las drogas legales están los que consumieron estupefacientes ilegales durante 1999. Un 6,8% de los españoles fumaron cannabis (frente al 7.5% de los que lo hicieron en 1997); un 3,1% inhaló cocaína (prácticamente la misma proporción que hace dos años) y el consumo de anfetaminas bajó del 2,6% al 2,2% de la población.

Para el resto de las drogas estudiadas en la encuesta que presentó ayer en Madrid, el responsable del Plan Nacional Sobre Drogas, Cionzato Robles, tan sólo un 18,4 de los 12.488 entrevistados respondió que no había probado ninguna clase de droga durante los 12 meses anteriores.

Mezclas recreativas

En lo que se refiere al consumo múltiple, los que prefieren las tres sustancias más frecuentes, alcohol, tabaco y hachís, tienden en más de un 80% a mezclarlas. Otro grupo lo forman quienes se consideran principalmente adictos a las drogas llamadas recreativas, que suelen combinar. Sin dejar de fumar (tabaco o hachís), o de beber, entre ellos se dan elevados porcentajes de ingesta simultánea de cocaína y anfetaminas (un 34,5%), hachís y cocaína (más del 50%) o éxtasis y anfetaminas (el 47%).

Un caso aparte de los politoxicómanos —que consumen varias drogas— son los heroinómanos, que toman de todo. Más de un 50% de ellos mezcla caballo con alcohol, cocaína, tabaco, marihuana, anfetaminas, alucinógenos, éxtasis, o varios de estos productos a la vez.

Por edades, casi la mitad de los menores de 19 años fuma tabaco. Esta proporción va aumentando por grupos de edad hasta un máximo del 76,5% de las personas que tienen entre 35 y 39 años. Entre los mayores de 40, que forman un solo tramo de población en la encuesta, el porcentaje de los no fumadores es del 38,7%.

Tres cuartas partes de los menores de 20 años beben alcohol. Aquellos con edades comprendidas entre los 20 y 24 años son los más aficionados al éxtasis, a la cocaína y a las anfetaminas. Los que más tranquilizantes toman son los mayores de 39 años.

La estadística muestra que aumenta la conciencia sobre las complicaciones que pueden suponer las drogas. Crece el número de quienes creen que algunas de las sustancias estudiadas traen "muchos problemas". Así, un 91,9% opina que la heroína es peligrosa (frente a un 89,5% que lo pensaba en 1997). Lo menos perjudicial según los encuestados es el alcohol: sólo un 21,1% afirma que tomar 5 o 6 cañas en un fin de semana puede ser malo.

Un menor consumo se refleja en la sensación de seguridad que tienen los ciudadanos: un 91,7% opina que la delincuencia por drogas es un problema en alguna medida en su barrio, mientras que quienes pensaban así en 1997 eran un 94,1%. En cambio, cada vez son menos los que creen que les sería muy difícil o imposible obtener alguna de estas sustancias.

La encuesta también estudia las opiniones de la gente sobre qué hacer para disminuir la adicción. Lo menos popular son las leyes restrictivas (un 70% de partidarios), y lo más, la educación.

Ampliación de la lectura

Unas 600.000 españolas toman habitualmente tranquilizantes en España: es la única sustancia en la que el consumo medio por parte de las mujeres (6,7%) dobla al de los hombres. Un 16% de españolas, es decir 2,7 millones, son policonsumidoras de drogas: toman dos o más sustancias, habitualmente psicoestimulantes, alucinógenos, anfetaminas, cocaína, drogas de síntesis, cannabis, tabaco y alcohol. Además, casi un 5% de españolas ingieren alcohol de forma abusiva, más de un litro al día. Los motivos que las españolas aducen para consumir estas sustancias apuntan mayoritariamente al "placer" y a la "diversión", así como el gusto de "lo prohibido" o "escapar de los problemas personales y animarse".

Entre las policonsumidoras, la combinación más frecuente son el alcohol, el tabaco y el hachís. Un 31% de las mujeres que los mezclan, es decir 367.000, son escolares. 1.250.000 mujeres reconocen que tendrían algún problema para dejar ese consumo, entre ellas 350.000 escolares. El tramo de mayor consumo de alcohol está entre las jóvenes entre 14 y 19 años, y el de menor a partir de los 55. Asimismo, el comportamiento al ingerir alcohol varía entre los escolares y la población general, ya que las primeras concentran un consumo "absolutamente exagerado" los fines de semana. Una de cada cuatro escolares toma abusivamente alcohol en esos días. La duración media del consumo de alcohol en las mujeres se sitúa entre 30 y 40 años. El índice de consumo abusivo de alcohol entre las mujeres tanto los días laborables como los fines de semana es de la mitad del de la población general (4,1% frente a 9,9% en laborables y 5,5% frente a 10,1% en fin de semana).

En cuanto al tabaco, casi cinco millones son fumadoras diarias. Más de la mitad son jóvenes entre 19 y 24 años, y casi dos de cada cinco son adolescentes entre 14 y 18. Un 28,1% de las mujeres son fumadoras diarias, frente al 32,9% de la población general.

Respecto a los estupefacientes, más de un millón de mujeres ha probado el hachís, que consumen habitualmente 215.000 entre 14 y 24 años. La cocaína es tomada principalmente en esta franja de edad, mientras que a partir de los 35 años los casos entre mujeres son anecdóticos.

Algo más de 100.000 mujeres dicen haber probado drogas de síntesis y unas 35.000 las consumen de forma habitual, especialmente las menores de 18 años. La heroína, sin embargo, afecta principalmente a las mujeres entre 25 y 44 años. Entre los factores de riesgo, se señala entre las jóvenes el fracaso escolar y la falta de diálogo en la familia. En las mujeres de más edad, destaca el estrés derivado de la doble jornada entre el trabajo y las tareas domésticas.

—*Las mujeres toman el doble de tranquilizantes que los hombres.*
El País, Madrid, 3 noviembre 2000

El 52% de los adolescentes entre 14 y 19 años suele tomar drogas cuando va a alguna discoteca y un 15% lo hace con frecuencia. Las drogas consumidas habitualmente son hachís y marihuana en el 30% de los casos, cocaína en el 7%, de diseño en un 6,1%, heroína en un 14% y otras sustancias en un 6%. El 69% de los adolescentes toma bebidas alcohólicas de forma frecuente y las chicas fuman más (57%) que los chicos (47%).

—El 52% de los adolescentes toma droga cuando va a una discoteca.
El País, Lleida, 4 noviembre 2000

En España mueren anualmente 46.000 personas a causa del tabaquismo. La mitad de los jóvenes españoles fuma habitualmente. Uno de cada tres españoles de 15 años consume tabaco. El portavoz del Comité Nacional de Prevención del Tabaquismo explicó que "al ministerio de Hacienda le cuesta mucho pensar en dejar de recibir un billón de pesetas en impuestos derivados del tabaco", aunque puntualizó que estos ingresos resultan "poco rentables a la larga", debido a los gastos sanitarios asociados a la morbi-mortalidad del tabaquismo". Unos 3.000 afectados demandan actualmente a las tabacaleras por daños físicos y psicológicos.

—La mitad de los jóvenes españoles de 16 a 18 años son fumadores.
El País, Madrid, 30 mayo 2000

El consumo de alcohol se reduce en España en términos generales, pero aumenta entre los jóvenes, especialmente las mujeres. En 1997, el 37,7% de las muchachas entre 15 y 19 de edad bebían alcohol habitualmente. Dos años después, en 1999, eran ya el 50,9% (13% más). El consumo de los varones más jóvenes se ha mantenido prácticamente estable entre 1997 y 1999, lo que lleva a pensar que las chicas se van acercando al patrón de consumo de los chicos, como ha ocurrido con el tabaco.

El acceso al alcohol se realiza a una edad cada vez más temprana. Más de una cuarta parte (26%) de los chicos y chicas entre 15 y 19 años entraron en contacto con la bebida antes de cumplir los 15 años. El consumo de alcohol se considera abusivo al pasar de ocho cañas de cerveza por día para los hombres y seis para las mujeres en días laborables. Se considera de riesgo beber 13 cañas para los varones y ocho para las mujeres en días laborables. El 7,7% de la población abusa de la bebida en los días no laborables y un 1,7% son bebedores de gran riesgo en ese período. Han descendido las intoxicaciones etílicas diarias del 1,1% al 0,4% (de 300.000 a 100.000 casos por día). Las chicas más jóvenes (en torno a los 20 años) superan en algunos casos el consumo de alcohol de los chicos de su edad. Durante los fines de semana se bebe más, especialmente los jóvenes.

—*Más de la mitad de las chicas entre 15 y 19 años consumen alcohol habitualmente.*
El País, Madrid, 17 abril 2001

El alcohol es en España una droga socialmente aceptada. Sin embargo, es la causa del 46% de los homicidios, del 25% de los suicidios y las autolesiones y del 40% de los accidentes de tráfico (con más de 2.000 muertos al año). El 21% de los jóvenes que beben el fin de semana conducen ebrios. También está relacionado con ciertas enfermedades.

En total el alcohol está detrás de unas 13.000 muertes al año, es decir, un poco más del 6% de la mortalidad española. A principio de los 90 España era el tercer país del mundo consumidor de alcohol per cápita, después de Francia y Portugal. El 24% de las embarazadas son bebedoras de riesgo. El 75% afirma no haberse emborrachado nunca, el 12% señala que al menos una vez al año y el 4% una o más veces por semana. El 1.1% se embriaga todos los días. Los que más se emborrachan tienen entre 19 y 28 años.

El alcohol es una de las sustancias que más potencian la agresividad humana. Más de tres millones de españoles consumen alcohol de forma problemática o arriesgada. Resulta entonces difícil de conciliar por una parte los efectos saludables y cardioprotectores del vino consumido moderadamente con sus efectos de riesgo por su consumo desmesurado.

—*El consumo de alcohol provoca en España más de 13.000 muertes anuales.*
Mayka Sánchez, Madrid, 13 julio 2000

El cannabis es la droga ilegal más consumida en Europa. La han probado unos 40 millones de europeos (la población total es de 375), es decir, uno de cada cinco jóvenes de 15 y 16 años y uno de cada cuatro entre los 15 y los 34 años. En España uno de cada tres jóvenes, es decir el 32%, se ha fumado un porro al menos una vez en su vida. En muchos países europeos su disponibilidad es enorme y se tiende a percibir el consumo de cannabis (marihuana, hachís y aceite) como algo normal y común, en lugar de marginal. La mayoría proviene de Marruecos, aunque también se cultiva en casi todos los Estados miembros.

El consumo de heroína sigue estabilizado y es la sustancia ilegal que más se relaciona con el consumo problemático (delincuencia o exclusión social). La toxicomanía afecta especialmente a los gitanos españoles, quienes no se benefician adecuadamente de los servicios de tratamiento y reducción de daños. Y ello pese a que el tratamiento social y sanitario de los drogadictos se está extendiendo enormemente en España. Se ha detectado también una estabilización en el consumo de las drogas sintéticas, como el éxtasis. Por el contrario ha subido el consumo de cocaína y de alcohol. La cocaína la han probado del 1% al 3% de todos los adultos europeos, lo que la hace la droga más consumida después del cannabis y las anfetaminas (el éxtasis es una de ellas). En España se consume mas cocaína que anfetaminas. No se espera que se reduzca el consumo de drogas, pero si, al menos, que se reduzcan sus daños. Europa se aleja poco a poco de la represión y se centra en la prevención, el tratamiento, y la reducción de riesgos.

—Uno de cada tres jóvenes españoles ha fumado "porros", según un informe de la UE.
Gabriela Cañas, Berlín, 23 noviembre 1999

En los últimos años se ha adelantado la edad de inicio al hachís de los jóvenes españoles. La edad media de inicio a estas sustancias ha pasado de 15,1 años en 1994 a 14,8 años en 1998. España es el tercer país de la Unión Europea (después de Dinamarca y Reino Unido) de mayor consumo. La consume el 32% de los jóvenes de 18 años. Su consumo puede afectar la función cerebral, provocar envejecimiento precoz, empobrecimiento afectivo, desinterés, incapacidad para desarrollar planes futuros, falta de voluntad propia y deterioro de las habilidades comunicativas. Resalta también, como daño indirecto, la accidentalidad en carretera. Presenta valores terapéuticos en enfermedades como el cáncer.

—Los españoles consumen hachís a edades cada vez más tempranas.
El País, Madrid, 30 enero 2001

El del Plan Nacional contra la droga dirige campañas de información de sus riesgos sobre todo a los chicos entre 14 y 18 años, puesto que es entre ellos que crece el consumo de drogas en su tiempo libre durante los fines de semana. Los consumidores esporádicos de fin de semana han crecido notablemente y tienen menor percepción del peligro que corren. Según fuentes del Plan Nacional, el alcohol y el tabaco son claramente las drogas más utilizadas en España. Le siguen la marijuana, las pastillas y la cocaína.

—Nueva campaña de Interior contra el consumo de drogas el fin de semana.
El País, Madrid, 20 diciembre 2000

Los drogadictos delincuentes no deberían ir a la cárcel según el 58% de los españoles, sino internados a centros de tratamiento. Dicha actitud ciudadana apoya la reciente sentencia del Tribunal Supremo que considera que incluso los toxicómanos con delitos graves se deben enviar a centros de rehabilitación.
—*El 58% de españoles cree que el drogadicto con delitos no debe ir a prisión.*
Juan J. Gómez, Madrid, 25 mayo 2000

El consumo de todo tipo de droga está despenalizado en España, pero hay sanciones por la posesión ilícita y por su tráfico. Depende del juez considerar si la cantidad de droga puede ser para el consumo o posesión para el tráfico. También hay sanciones por su consumo en lugares, establecimientos y transportes públicos, sanciones que podrán suspenderse si el infractor se somete a tratamiento de deshabituación en los centros determinados.
—*España entre el consumo libre y la multa.*
Miguel Bayón, Madrid, 7 julio 2000

El 10% de los menores de edad ha probado la cocaína y el 6,6% la toma con frecuencia. Los nuevos consumidores de estupefacientes están muy integrados socialmente y son de clase media o media alta. El 18,2% de los consumidores de éxtasis se toma más de tres pastillas en una noche y se pasan toda la noche sin dormir. El 29% de los jóvenes, cuando sale, su principal objetivo es drogarse. El 10% combina 4 sustancias (alcohol, cannabis, éxtasis y cocaína). La mayoría deja estas drogas a los 24 años y una minoría se vuelve drogodependiente. El 5% de los chicos de 14 a 16 toman cocaína. En Madrid cada fin de semana sale un millón de personas de copas. El 81,9% de los que salen cuatro veces al mes tiene menos de 18 años. El 90% entre 15 y 29 años toma alcohol. El 50,8% ha conducido alguna vez el coche bajo los efectos del alcohol, el 36,8% bajo efectos de otras drogas y el 9,4% ha tenido algún accidente. El alcohol es muy tolerado por los padres a pesar de ser la droga que más muertes causa. La generación del 68 es demasiado permisiva. España es el lugar donde más ha pervivido la idea de "prohibido prohibir".
—*Noches de drogas y alcohol.*
Joseba Elola, El País, 18 junio 2000

Las comunidades autónomas podrán suministrar heroína a toxicómanos en aquellos casos en que otras terapias hayan fracasado. El tratamiento con heroína es la última medida para mejorar la calidad de vida de los toxicómanos. En España existen aproximadamente unos 100.000 heroinómanos (un 0,4% de la población adulta). La legislación española establece que la heroína decomisada por la policía debe ser destruida, por lo que la droga que se utilice deberá producirse en España.

—*El Gobierno autoriza la heroína para el tratamiento de toxicómanos.*
Emilio de Benito, Madrid, 20 abril 2001

En España hay unas 75.000 personas incluidas en programas de tratamiento sustitutivo con metadona (en 1990 apenas pasaban de las 3.000 personas). Según los datos del Plan Nacional sobre Drogas (PND), el 73% de los ingresos en centros de desintoxicación se debe a la adicción a la heroína. La comisión mixta de heroína, integrada en el PND, ha aprobado este mismo mes la utilización de heroína en ensayos clínicos restringidos, como venían solicitando los gobiernos andaluz y catalán. La intención de estos programas es ensayar los efectos paliativos de la administración de la droga en adictos que no responden al tratamiento con metadona.

—*El 70% de los heroinómanos ha muerto o sigue tomando la droga 33 años después.*
El País, Madrid, 16 mayo 2001

El debate sobre las ventajas terapéuticas de la marihuana, la conveniencia de despenalizar su tenencia, y su supuesta cualidad de droga más blanda que el alcohol o el tabaco llegó ayer al Congreso a iniciativa de Convergencia i Unió. La diputada Zoila Riera, de CiU —que puntualizó que ella defendía el uso terapéutico del cannabis pero no "su uso recreativo"— promovió la comparecencia del catedrático de farmacología de la Universidad de Barcelona Joan Ramón Laporte, y de dos portavoces de asociaciones que defienden el consumo y tenencia libre de esta droga.

Laporte expuso las ventajas del consumo de hachís para las mujeres enfermas de cáncer de mama y sometidas a quimioterapia. El cannabis, explicó, mejora su calidad de vida porque reduce los vómitos que causa la terapia. Relató que son pacientes "universitarias" las que acuden a solicitar información sobre cómo adquirir esta droga. Que la respuesta es que deben plantarla, aunque sea en maceta, y consumir lo que vayan recolectando porque la ilegalidad de esta droga hace que sea inseguro "e incluso peligroso" consumir lo que venden los camellos. El problema, añadió, es que a una mujer a la que se le diagnóstica hoy un cáncer de mama no tendrá tiempo para plantar y ver crecer su "vegetal" antes de que, en unos cinco meses, empiece a padecer los efectos de la quimioterapia. Aquí les sugiere que acudan a algún amigo o familiar que plante en su terraza, y de forma ilegal, el cannabis. Es una ilegalidad, dijeron ayer los tres comparecientes, por la que hay "más de 50.000 sancionados al año". Laporte enumeró estudios internacionales que equiparan la marihuana "como droga blanda" al café, y dejan en el capítulo de drogas duras al tabaco, el café y, por supuesto, la heroína y la cocaína. La ilegalidad, según Martín Barriuso y Jaime Prats, defensores de la legalización de la marihuana como droga menos dañina que el alcohol, sólo causa "incremento de precios y adulteración". Barriuso dijo, por ejemplo, que el Gobierno vasco ha detectado en las fiestas la venta de hachís adulterado con aceite usado de motor. "Una planta inocua pasa así a ser un consumo muy peligroso", dijo. Los tres dijeron que en España hay 400.000 consumidores diarios de marihuana y que no se les puede castigar a todos con la ilegalidad.

—*El hachís irrumpe en el Congreso.*
Pilar Marcos, Madrid, 30 mayo 2001

Vocabulario

aceite	(in context) hashish
aducir	to claim
alejarse	to distance oneself
alucinógenos	hallucinogens
caballo	street slang for heroin
camello	(in context) drug dealer
cáncer de mama	breast cancer
caña	alcoholic drink
carretera	highway
CiU (Convergència i Unió)	Convergence and Unity political party (of Catalonia)
decomisada	seized
deshabituación	breaking of a habit or addiction
disponibilidad	availability
domiciliaria	household
emborracharse	to get drunk
empobrecimiento	impoverishment
esporádico	casual, infrequent
estupefaciente	narcotic
fracaso	failure
fuente	source
hachís	hashish
ilícita	illegal
ingerir	to ingest
ingesta	ingestion

internado	in-patient
padecer	to suffer (from)
perjudicial	dangerous
policonsumidor	user of more than one drug
porro	marijuana cigarette; joint
resaltar	to stand out
salir de copas	to go out drinking
suministrar	to administer
superar	to exceed
toxicomanía	drug addiction
tramo	group

Preguntas sobre la lectura

1. ¿Qué porcentajes de españoles consumen drogas?
2. ¿Cuánto disminuyó el consumo, y de qué drogas?
3. ¿Qué consumo subió y cuánto?
4. ¿Qué porcentajes utilizan mezclas recreativas?
5. ¿Qué suelen mezclar los heroinómanos?
6. ¿Cómo es el consumo de tabaco entre los jóvenes? ¿Y el consumo de alcohol?
7. ¿Cómo están los niveles de conciencia sobre el consumo?
8. ¿Cómo se percibe la relación entre consumo y delincuencia?
9. ¿Qué opinas sobre qué hacer para disminuir la drogadicción?
10. ¿Qué porcentajes se muestran sobre el consumo de las españolas?
11. ¿Cómo es el consumo del tabaco entre las mujeres?
12. ¿Qué preferencias tienen las jóvenes y las mayores?
13. ¿Qué factores aumentan el consumo?
15. ¿Cómo es el consumo de marijuana? ¿Cómo es el de heroína? ¿Cómo es el de drogas sintéticas y de otras drogas?
16. ¿Cuál es la situación de la penalización del consumo?
17. ¿Qué piensa la población de los drogadictos delincuentes?
18. ¿Cómo son los hábitos de consumo?
19. ¿Qué tratamiento novedoso podrán seguir los heroinómanos?
20. ¿Qué posición toma la diputada Zoila Riera con relación al uso de marijuana en casos de cáncer?
21. ¿Qué recomienda el profesor Joan Ramón Laporte?

Más allá de la lectura

1. ¿Qué factores afectan el consumo de drogas en este país?
2. ¿Está Ud. a favor de la despenalización del consumo de estupefacientes?
3. ¿Cómo entiende Ud. la situación de tráfico de drogas entre América Latina y los EE.UU.?
4. ¿Qué solución recomienda Ud. al problema de drogas en EE.UU.?
5. ¿Deben de ir a la cárcel los drogadictos delincuentes?
6. Comentar: "España es donde más ha pervivido la idea de 'prohibido prohibir'".
7. ¿Qué opina Ud. sobre el uso medicinal de la marijuana?

8

La píldora abortiva se distribuirá en España a partir de hoy

Muchos centros privados no podrán darla

Amaya Iríbar, Madrid, 7 febrero 2000

La píldora abortiva, que permite abortar embarazos de hasta siete semanas sin pasar por el quirófano, empezará a distribuirse en España a partir de hoy. Las clínicas privadas, que realizan todos los abortos de ese plazo, creen que el requisito que les exige Sanidad de que cuenten con un servicio de farmacia propio o estén asociados al de un hospital planteará muchas dificultades para la distribución del fármaco.

La Agencia Europea del Medicamento aprobó la RU-486 en ocho países, entre ellos España, en julio. En España es considerado de uso hospitalario, de ahí la exigencia del Ministerio de Sanidad. Pero la mayor parte de las clínicas privadas que hacen abortos quirúrgicos no cuentan con este servicio, por lo que deberán cumplir un nuevo trámite antes de poder recetarla, subrayó ayer la presidenta de la asociación que las agrupa, Consuelo Catalá.

Va a haber muchísimos problemas", vaticinó Catalá, que cree que las dificultades que se planteen en su distribución dependerán del "signo político" de la comunidad autónoma. El Partido Popular tendrá que mojarse", sentenció la presidenta de las clínicas.

Estos centros han esperado durante años la llegada de la RU-486, que se utiliza en Francia desde 1988. Las fuerzas parlamentarias españolas, incluido el PP, aprobaron una proposición para facilitar la prescripción del medicamento siempre que el aborto se acogiera a uno de los supuestos legales (violación, riesgo para la salud de la madre o malformación del feto). Como la píldora no estaba aprobada en España, debía importarse caso por caso. Desde entonces y hasta hace un mes, sólo un médico pudo recetarla. Las clínicas aseguran haberla solicitado en, al menos, 36 ocasiones, pero se les denegó por carecer de farmacia. Este escollo ha sido superado ahora, ya que Sanidad permitirá que éstas actúen a través de uno de referencia. El laboratorio distribuidor confía en que no haya problemas.

El último trámite se cumplió el mes pasado, cuando se fijó el precio: 8.371 pesetas, de los más bajos de Europa. Para interrumpir un embarazo hay que ingerir tres comprimidos en una toma, así como otro medicamento entre 36 y 48 horas después. Habría que añadir el precio de los análisis y las consultas: una previa, otra para tomar el segundo fármaco, y una tercera, 10 días después, de seguimiento.

La píldora será financiada públicamente, pero la Seguridad Social no se hará cargo si el aborto se hace en la red privada, y según Catalá, todos los de menos de siete semanas se hacen fuera de los hospitales públicos. De los 50.000 abortos legales que se hacen al año en España, el 65% interrumpe embarazos de ocho semanas o menos. Muchos de ellos podrán hacerse ahora sin intervención quirúrgica.

Ampliación de la lectura

Todos los hospitales públicos, excepto dos, han pedido la RU-486. Esta píldora permite abortar durante las primeras siete semanas de embarazo con una eficacia superior al 97% y sin necesidad de operación. La píldora fue aprobada en julio en España. La comunidad de Navarra no la usará, pero no por una decisión política o moral, sino porque no existen médicos dispuestos a hacer abortos. Con la píldora se podrá evitar el quirófano para muchos de los 50.000 abortos legales que se hacen en España cada año. Según las clínicas la cantidad de abortos no aumentará con la RU-486. Para abortar la mujer debe cumplir uno de los tres supuestos amparados por la ley: violación (menos del 1%), malformación del feto (poco más del 2%) y riesgo para la salud física o mental de la madre (98%).

—Todos los hospitales públicos solicitan la píldora abortiva salvo en Navarra y La Rioja.
Amaya Iríbar, Madrid, 8 febrero 2000

Las clínicas Dator e Isadora de Madrid ya han recetado la píldora que permite abortar durante las siete primeras semanas de gestación. Las pacientes tuvieron que recurrir a una de las tres condiciones legales para abortar. Las pacientes deben pagar por la consulta, los análisis después de ingerir las tres pastillas del tratamiento y la visita

posterior para ingerir otro fármaco que ayuda a expulsar el feto. En total cuesta unas 40.000 pesetas (unos 300 dólares).
—*El laboratorio envía 2.000 cajas de la RU-486 en tres días.*
Amaya Iríbar, Madrid, 11 febrero 2000

En 1999 casi el 40% de las menores de 25 años que abortaron en la madrileña clínica Dator declararon no haber usado ningún método anticonceptivo o haber utilizado métodos poco seguros; el 50% usó condones, pero mal usados o se rompieron. El 80% de las menores de 25 años era soltera y no vivía en pareja. Casi un 15% ya tenía otro hijo. Un 19,45% se había sometido anteriormente a otro aborto. A pesar de su corta edad, un 2% de las jóvenes incluidas en el estudio era separada o divorciada. Según la clínica, el alto porcentaje de chicas que declaran la rotura del condón como causa de su embarazo requiere una mayor calidad de los preservativos que se venden en las máquinas de los lugares de diversión de los jóvenes. El estudio destaca también el alto número de jóvenes que tienen relaciones coitales a los 18 años y no usan ningún método anticonceptivo.
—*La mitad de las jóvenes que abortan declaran rotura del preservativo, según la clínica Dator.*
El País, Madrid, 20 agosto 2000

El 12% de las embarazadas en España opta por abortar y este porcentaje llega al 39% entre las jóvenes de 15 a 19 años. Esta proporción se ha duplicado en los últimos siete años. En 1997 abortaron 5.5 mujeres por cada 1.000 en edad de procrear. El número de embarazos está disminuyendo en todas las edades a la vez que el número de abortos continua creciendo. El riesgo para la salud de la madre es la causa más alegada. En España las menores de edad necesitan el permiso de los padres para abortar.
—*El 39% de las jóvenes embarazadas entre los 15 y 19 años en España aborta.*
Charo Nogueira, Madrid, 5 agosto 2000

En 1998 se realizaron 53.847 abortos legales en España, un 8,6% más que el año anterior, es decir, 6 abortos por cada 1.000 mujeres en edad fértil. La tasa de abortos ha aumentado en todas las edades. Las mujeres de entre 20 y 24 años son las que registran el índice más alto de abortos. El riesgo para la salud de la madre sigue siendo la razón legal mas común (97,32%). Las clínicas privadas realizan la mayoría de los abortos.
—*En 1998 hubo en España 53.847 abortos, un 8,6% más que el año anterior.*
Amaya Iríbar, Madrid, 11 febrero 2000

La píldora abortiva se distribuirá en España a partir de hoy 63

El Partido Popular (partido gobernante actual) se opone a cualquier modificación de la actual legislación sobre el aborto. Argumenta que "No existe demanda social" para rechazar las proposiciones de ley presentadas por la oposición. Durante los debates la oposición aludió a que a pesar de que las mujeres votan en España desde 1931 todavía tienen muchos obstáculos sociales que vencer.

—*El PP alega falta de "demanda social" para*
impedir la ampliación de la ley del aborto.
Inmaculada de la Fuente, Madrid, 3 octubre 2001

El aborto crece en España, sobre todo entre las jóvenes de 15 a 19 años. Ahora, al menos cuatro de cada diez adolescentes embarazadas interrumpe la gestación. En la última década la incidencia del aborto se ha disparado (un 57% más de 1990 a 1999). Entre las más jóvenes el aumento ha sido mayor, el 74%.

—*El aborto entre las menores de 20 años*
aumenta el 74% en la última década.
Charo Nogueira, Madrid, 12 octubre 2001

Vocabulario

amparado	supported
carecer	to lack; to be without
comprimido	pill; tablet
dispuesto	willing
escollo	difficulty
expulsar	to expel
fármaco	pharmaceutical drug; medicine
plazo	term
quirófano	operating room
quirúrgico	surgical
recetar	to prescribe
red	network
trámite	procedure
vaticinar	to predict

Preguntas sobre la lectura

1. ¿Qué es la píldora abortiva?
2. ¿Qué creen las clínicas privadas y qué deben cumplir?
3. ¿Qué problemas vaticina Catalá?

4. ¿En qué casos se puede recetar la píldora?
5. ¿Cuál es su administración y dosificación?
6. ¿Cómo se ha superado su distribución?
7. ¿Cómo se financia la píldora?
8. ¿Cuántos abortos se hacen en España?
9. ¿Bajo qué supuestos se puede abortar?
10. ¿Por qué Navarra no usará la píldora?
11. ¿Cuánto cuesta en las clínicas privadas?
12. ¿Qué estadísticas se mencionan sobre el aborto?
13. ¿Qué razones se declaran para abortar?

Más allá de la lectura

1. ¿Qué controversias hay con relación a la píldora abortiva en este país?
2. ¿Debe el aborto tener limitaciones? ¿Cuáles y por qué?
3. ¿Cuáles son los derechos de la madre con respeto a su feto?

9

Un tercio de los inmigrantes legales de España sufre el rechazo xenófobo al buscar trabajo

Un informe de la OIT denuncia las graves discriminaciones laborales contra los extranjeros

Luis Vázquez, Ginebra / Miguel Bayón, Madrid, 9 marzo 2000

El 36% de los trabajadores extranjeros que residen legalmente en España son rechazados por las empresas debido a su origen, según un informe de la Organización Internacional del Trabajo (OIT) presentado ayer en Ginebra. El colectivo más discriminado es el de los marroquíes, de los que una cuarta parte son rechazados antes incluso de presentar formalmente su demanda de empleo. La discriminación es más grave en la industria y en el sector servicios, hostelería incluida, que en actividades como la construcción.

El grado de rechazo injustificado a los inmigrantes legales difiere entre provincias. Las cotas más altas se alcanzan en Barcelona y Málaga, donde casi un 50% de los trabajadores extranjeros son rechazados por las empresas de forma discriminatoria. La cifra es menor en Madrid, con un 28% de rechazo. El informe de la OIT se ha centrado en cuatro países europeos. Los porcentajes de discriminación laboral de los inmigrantes legales, según los anteriores criterios, son los siguientes: 20% en Alemania, 32% en Bélgica, 36% en España y 40% en Holanda.

Los expertos de la OIT basan sus conclusiones en un seguimiento de las ofertas de empleo aparecidas en los medios de comunicación, y en como las empresas tramitaban las solicitudes de los demandantes extranjeros, en comparación con las de los autóctonos. La mayoría de los casos de discriminación se dan en la primera fase del proceso de selección. Por ejemplo, en España, al 25% de los marroquíes ni siquiera se les permitió presentar formalmente su solicitud.

Según fuentes sindicales españolas, la situación puede ser en realidad más grave de lo que refleja el estudio de la OIT. "El informe se centra sólo en el rechazo que se produce en el proceso de selección para un trabajo", dice José Luis Sánchez, responsable de inmigración de Comisiones Obreras (CC OO). "Pero ese proceso tiene lugar para empleos con una cierta cualificación. ¿Qué pasa con el resto de los trabajos? La mayoría de los inmigrantes ni siquiera accede a una selección".

Destino prefijado

La primera discriminación, señala CC OO, tiene lugar en los propios flujos migratorios permitidos por los Gobiernos. "Hay inmigrantes que, sea cual sea su cualificación, entran ya en España con un destino laboral prefijado por esos cupos: tantos para agricultura, tantos para construcción, tantos para servicio doméstico".

Pero, siendo importante el rechazo en la selección laboral, lo peor sucede, al margen de ese proceso. "Las discriminaciones son múltiples", dice Sánchez. "Flexibilidad absoluta para el empresario, horarios ilegales, diferencias en servicios de salud, ausencia o precariedad de contratos. Las cifras de la OIT podrían doblarse si se analizaran esas discriminaciones".

CC OO calcula que actualmente hay de 350.000 a 400.000 inmigrantes en España, de los cuales entre 80.000 y 100.000 están en situación irregular. Según la OIT, el 37% de los trabajadores inmigrantes que están en activo en España son marroquíes.

Un estudio de la OFF también revela que, en estos momentos, el número total de inmigrantes en todo el mundo sobrepasa los 120 millones de personas, frente a los 75 millones que había en 1965. La tesis central del trabajo, titulado *Workers without frontiers* es que el fenómeno de la mundialización, lejos de reducir los flujos humanos internacionales, ha aumentado las presiones migratorias de una manera completamente inédita.

"En un mundo de ganadores y perdedores, los perdedores no tienen donde ir", dijo Peter Stalker, el autor del informe. Evidentemente, la posibilidad de conseguir un buen empleo y obtener una remuneración mucho más alta es el principal motivo que hace emigrar a las personas. En todo el mundo se repite este fenómeno. Por ejemplo, en 1997, los jornaleros indonesios ganaban en su país 28 centavos de dólar diarios, frente a los 2 dólares o más en su vecina Malasia.

Pero el dinero no es la única motivación. La caída en los precios del transporte y la mayor velocidad de las comunicaciones han modificado el carácter de la inmigración internacional haciendo de ella una acción mucho menos permanente.

En 1990, los costos del transporte aéreo por kilómetro se habían reducido al 20% de su importe en 1930. Y, entre 1930 y 1960, el precio de una conversación telefónica de tres minutos de duración, entre Londres y Nueva York, pasó de 300 dólares a un dólar. Según Stalker, "estos cambios han hecho que la salida del propio país hacia otro desconocido resulte menos temible y traumática, con el resultado adicional de que los flujos migratorios se han hecho más complejos y diversos".

Como negocio, el tráfico de emigrantes es sumamente lucrativo. Por pasar en coche ilegalmente a alguien a través de una frontera de Europa Oriental o en una embarcación desde Marruecos a España, pueden cobrarse hasta 500 dólares. La OIT estima entre 5.000 y 7.000 millones de dólares el dinero movido anualmente por el tráfico de emigrantes indocumentados.

Cada vez menos conformistas

La Asociación de Trabajadores Marroquíes en España (ATIME), aunque no conoce de momento el informe de la OIT, sí afirma haber detectado "un aumento del rechazo para ciertos trabajos" que afecta a los inmigrantes procedentes de ese país. ATIME ha tenido un destacado papel en las negociaciones tras la crisis xenófoba de El Ejido.

Según datos de 1999 del Observatorio Permanente de la Inmigración manejados por esta asociación, hay en España 150.000 trabajadores en situación legal, de los cuales unos 67.000 están dados de alta laboralmente.

"Hace dos años participamos en un informe elaborado por un grupo de estudios por encargo de la OIT, que se ceñía sobre todo a Barcelona y Madrid" dice Abdelhamid Beyuki, presidente de ATIME, y "comprobamos un creciente rechazo empresarial para dar trabajo a los marroquíes. Lo que queremos creer es que no se debe a nada relacionado con la etnia, sino más bien a que existe una mayor sindicalización entre los marroquíes y por tanto una actitud menos conformista". El marroquí, ahora, dice: "Quiero un convenio que sea igual para mí que para Juan". Es lo que oímos decir en El Ejido: "No se callan, son protestones; en cambio los negros y los del Este de Europa son dóciles".

Para ATIME, el rechazo se da sobre todo en sectores de servicios como la hostelería. "Es decir, los sectores donde no hay necesidad absoluta de marroquíes", dice Beyuki. "No había ningún rechazo para trabajar en los plásticos de El Ejido, o en los campos de tabaco de Navalmoral de la Mata por la sencilla razón de que para esos trabajos no hay competencia de españoles".

Ampliación de la lectura

El 47% de los estudiantes madrileños entre 18 y 25 años piensa que los inmigrantes aumentan los problemas de drogas y la delincuencia. El gobierno debe impedir la entrada de más extranjeros según el 56,8% de los encuestados. El mismo porcentaje se opone a expulsar a los que ya están en España. La mayoría son solidarios y acogedores. El 85,4% está a favor de una sociedad mestiza e intercultural y el 31% cree que España debe acoger a más inmigrantes. Sin embargo el 29,5% está a favor de expulsar a los inmigrantes en situación irregular. Los inmigrantes son el 2% de la población española. En Madrid el 3% son trabajadores extranjeros. El 27% cree que los extranjeros quitan trabajo a los españoles. Los gitanos y árabes son los que más sufren de antipatías y prejuicios sociales. El 15,9% echaría del país a los gitanos y el 15,2% a los moros. Sólo un 0,5% se declara muy racista y un 1,9% bastante racista, el 49,6% algo racista y un 46,9% nada racista. El 58,3% de las mujeres universitarias no se casarían con un árabe frente al 31,1% de los hombres. Un 0,9% de los estudiantes afirma que le gustaría salir a dar palizas por la noche a negros o moros. El 89% siente antipatía por los cabezas rapadas, el 87% por los nazis, el 36% por los gitanos, el 35% por los drogadictos, el 27% por las feministas, el 26% por los moros, el 25% por los curas, el 23% por los catalanes, el 11% por los vascos y el 9% por los homosexuales. El 18% es partidario de la pena de muerte.

—El 47% de los universitarios
opina que los inmigrantes
incrementan la delincuencia.
Begoña Aguirre, Madrid, 21 diciembre 1999

El 30% de los jóvenes españoles consideran que la inmigración será con el tiempo perjudicial para la raza. El 24% piensa que la inmigración tendrá efectos negativos en las costumbres y la moral españolas. Hace 5 años más del 50% de los jóvenes españoles se presentaban claramente como racistas. El 41% de los jóvenes pensaba que la inmigración tendría efectos negativos en la moral y las costumbres de los españoles. Según muestran los datos estas actitudes xenófobas y racistas de los jóvenes españoles han disminuido.

—El 30% de los jóvenes españoles
considera la inmigración
"perjudicial para la raza".
T. Escarraga, Madrid, 20 octubre 2000

El 43% de los encuestados considera que la Ley de Extranjería vulnera los derechos humanos de los inmigrantes sin papeles al negarles los derechos de huelga, reunión y sindicación. Otro 25% piensa que no contraviene ningún derecho fundamental y el 32% no sabe o no contesta. El 58% de los encuestados considera que

los españoles son racistas (el 30% sostiene lo contrario) pero sólo el 12% asume que él personalmente lo es (el 78% no se ve racista).
—La mayoría piensa que la Ley de Extranjería vulnera derechos humanos.
El País, Madrid, 6 marzo 2001

Vocabulario

acogedor	friendly; hospitable
antipatía	hatred
cabezas rapadas	skinheads
ceñir	to encircle
Comisiones Obreras	Workers' Union
contravenir	to contravene; to infringe
convenio	agreement
cura	priest
dado de alta	allowed to join; approved
dócil	easygoing
echar	to throw out
empresa	company
en un seguimiento	on a follow-up
expulsar	to expel
flujo	wave
huelga	strike
inédito	unexpected
jornalero	day laborer
marroquíes	Moroccans
mestizo	of mixed ethnicity
moro	Moor (Arabian or Berber)
partidario	supportive
perjudicial	dangerous
prejuicio	prejudice
protestón	troublemaker
sindicalización	unionization
solicitud	application
temible	terrifying
vasco	Basque (people from a region in the western Pyrenees)
vulnerar	to violate

Preguntas sobre la lectura

1. ¿De qué sufren mucho los inmigrantes?
2. ¿Quiénes sufren más?
3. ¿Cómo se obtienen los resultados?
4. ¿Qué dicen las fuentes sindicales?
5. ¿Cómo es la discriminación?
6. ¿Qué causa el fenómeno de la mundialización?
7. ¿Qué motivos y facilidades hacen inmigrar?
8. ¿Qué se dice del tráfico de inmigrantes?
9. ¿Qué se menciona de los inmigrantes marroquíes en España?
10. ¿Qué porcentajes se muestran de las respuestas de estudiantes madrileños?
11. ¿Qué piensan los jóvenes de la inmigración?
12. ¿Qué se señala de la Ley de Extranjería?

Más allá de la lectura

1. ¿Bajo cuáles condiciones se puede inmigrar legalmente a los EE.UU.?
2. ¿Qué paralelos hay entre la inmigración ilegal a España y a los EE.UU.?
3. ¿Dónde se ve la discriminación por raza o por etnia en este país?
4. ¿Qué preocupaciones tienen algunos estadounidenses frente a la inmigración de América Latina?
5. ¿Por qué razones vienen inmigrantes a los EE.UU.?
6. ¿Cómo se describe a los inmigrantes en los programas de televisión y en el cine?
7. ¿Cuáles son o deberían ser los derechos humanos y legales de cualquier inmigrante?

10

El interés por el español despega en Europa

José Luis Barbería, París, 27 marzo 2000

Aumentan los estudiantes europeos que escogen el castellano como segundo idioma extranjero, antes que alemán.

La enseñanza del español como segunda lengua está conociendo una verdadera explosión en la mayoría de los países europeos, hasta el punto de que suscita la resistencia del gobierno francés, temeroso de que el fenómeno acabe de echar por tierra su modelo de diversidad. El español es la lengua que aprenden como segundo idioma hoy en Francia el 65% de los alumnos de secundaria, un ascenso fulgurante que amenaza la prioridad otorgada tradicionalmente al alemán y que margina a otros idiomas de referencia clásica como el ruso y el italiano. En el Reino Unido, el español, el idioma más solicitado en la enseñanza de adultos, recorta terreno a pasos agigantados al alemán, que se mantiene a duras penas como segunda lengua detrás del francés, según indican responsables de Educación de las embajadas españolas.

Los avances son igualmente espectaculares en Bélgica y en Alemania, donde no pocos profesores de ruso están reciclándose en profesores de español, idioma que conoce igualmente un auge extraordinario, particularmente en las universidades populares del Este. Según los especialistas, la fortísima demanda se explica por la búsqueda de idiomas fuertes que garanticen el interés de la inversión en esfuerzo y dinero, una búsqueda que ignora deliberadamente aspectos como la cultura de origen, la proximidad geográfica o el interés de significarse con el aprendizaje de una lengua "especial". Según esa interpretación, y salvando las distancias, el español empieza a compartir con el inglés el simbolismo de los idiomas potentes necesarios. Escuelas francesas del prestigio de Ciencias Políticas y los grandes institutos admiten hoy que el español pueda figurar como primera lengua extranjera.

Diversificación

Los responsables del Ministerio de Educación francés que dirige Claude Allègre y buena parte de los especialistas temen que el proceso arruine el rico sistema de diversificación que teóricamente permite a los alumnos acceder al aprendizaje de un total de 15 lenguas vivas. Rendida ya ante la supremacía del inglés —el 90% de los escolares franceses lo eligen como primera lengua—, Francia trata ahora de evitar que el español acapare la demanda sobre el segundo idioma y se culmine así un proceso doblemente homogeneizador. "No merece la pena luchar por diversificar la oferta sobre la primera lengua viva", señalan responsables del ministerio francés, "el verdadero problema es mantener la diversificación sobre la segunda". Como consecuencia de esos recelos, Allègre difundió en 1998 una circular para la enseñanza primaria, aparentemente intrascendente, que, sin embargo, como demuestran los datos correspondientes al pasado año, ha conseguido en gran medida rebajar por vía indirecta de la oferta real el número de alumnos franceses de primaria que aprenden español. Esa circular establece que "la elección se hará en función de las lenguas vivas ofrecidas en sexto (ingreso en el collège) del sector a fin de que asegure la continuidad del aprendizaje entre la escuela (primaria) y el collège". Supeditar el estudio de una lengua en primaria a la posibilidad de continuarla en los escalones superiores obstaculiza, de hecho, el avance del español, ya que son muy pocos los collèges que ofrecen este idioma, indican fuentes de la Consejería de Educación de la Embajada española en París. La prueba es que mientras el número de alumnos de secundaria que aprenden español se incrementó el pasado curso en 120.000, hasta alcanzar los 1,7 millones, la cifra de escolares de primaria se redujo en el mismo período de 56.626 a 48.196, según datos oficiales.

Claramente, la circular va orientada a reforzar la situación del alemán, puesto que la oferta de enseñanza de esa lengua está mucho más presente en el sistema de educación francés. Pese a la publicidad institucional del alemán, bien presente en los centros escolares franceses, la enseñanza de ese idioma ha caído notablemente en los últimos años. Como primera lengua se mantiene relativamente bien, con el 9,5% de los alumnos —sólo ha perdido cuatro puntos respecto a los primeros años ochenta—, pero únicamente el 16% de los alumnos franceses lo estudian como segundo idioma. La demanda creciente de profesores de español llevó el año pasado al ministerio francés a ofrecer a concurso 650 plazas, 100 más que el año anterior. Igualmente significativo resulta que se hayan convocado 400 plazas de auxiliares de conversación en español para el año que viene para sumar a las 440 existentes. Ante la imposibilidad de cubrir esas plazas con estudiantes o profesionales españoles, las autoridades francesas han contratado a un centenar de mexicanos.

Ampliación de la lectura

Las diferentes lenguas en la UE son a menudo motivo de conflicto. España ha bloqueado ya varias reuniones de trabajo del Consejo de Ministros de la Unión Europea para impedir que deje de utilizarse en ellas el idioma castellano. La posición española es compartida por Italia, Bélgica y Holanda, países que defienden junto a España que los trabajos se desarrollen en 6 de las 11 lenguas oficiales del Consejo: inglés, francés, alemán, castellano, italiano y neerlandés (lengua utilizada en la inmensa mayoría de la parte no francófona de Bélgica). Salvo en los Consejos Europeos, en los que están presentes los jefes de Estado o de Gobierno, apenas se utilizan las otras cinco lenguas, que son portugués, griego, danés, sueco y finlandés. En el Consejo de Ministros la norma común es la utilización de las 11 lenguas, aunque en la práctica se extiende a los seis grandes idiomas. El Gobierno español defiende que se oficialicen las seis lenguas más habituales o bien que los trabajos se reduzcan al inglés y francés o se extiendan a las once lenguas oficiales.

—España bloquea las reuniones del Consejo de
Ministros de la UE en defensa del castellano.
Walter Oppenheimer, Bruselas, 23 septiembre 1998

Inglés, francés, alemán y castellano son las cuatro lenguas por este orden de mayor uso en la UE. El español es la segunda lengua extranjera entre los franceses, detrás del inglés. En el resto del mundo la situación del español es bastante más importante que la de otras lenguas europeas (caso del francés o el alemán).

El español es la segunda lengua más hablada en Estados Unidos, donde viven más de 31 millones de hispanos (el 11,5% de la población). El español está en auge en Brasil e implantándose poco a poco en Asia.

—Los europeos ven el español como una de las lenguas más útiles.
Sandro Pozzi, Bruselas, 9 julio 2000

Estados Unidos ha contratado a más de 500 profesores españoles para enseñar español. La demanda de profesores de español sigue aumentando rápidamente en un país que no produce suficientes maestros de español para satisfacer su necesidad académica. Actualmente más del 60% de los universitarios de EE.UU. que estudia otras lenguas escoge el español.

—EE.UU. contrata a cientos de profesores
españoles ante la demanda del castellano.
Ricardo M. de Rituerto, Chicago, 23 septiembre 2000

Según palabras del director del instituto Cervantes "el principal reto del español es consolidarse, en las primeras décadas del siglo 21, como segunda lengua internacional". Añadió también que "la clave del español es su dimensión americana" porque 9 de cada 10 hablantes de español están al otro lado del Atlántico y que el castellano ocupa el segundo lugar en el mundo occidental".
—*El español se juega su futuro en la sociedad de la información.*
Eloy Madorrán, Logroño, 15 noviembre 2000

El 53% de los españoles no habla ningún idioma extranjero. La media europea es el 47%. En Luxemburgo sólo un 2% de la población es monolingüe mientras que en el Reino Unido el 66% habla únicamente su lengua materna. Francia y Portugal son, junto con España los países que menos lenguas hablan. Un 56% de los portugueses y un 51% de los franceses sólo hablan su idioma. En Suecia, Dinamarca y Países Bajos el 85% conoce un segundo idioma además del materno. El inglés con el 41%, es el idioma más hablado entre los europeos; 19% el francés, 10% el alemán y el 7% el español. El 36% de los españoles estudia inglés y un 19% francés.

Solamente el 26% de los europeos conocen una segunda lengua y un 8% conoce tres lenguas distintas a la materna. El 71% de los europeos considera que todos deberían hablar una segunda lengua. El 74% de los padres piensa que sus hijos, hablando otras lenguas, tendrían más posibilidades en el mercado laboral. El 59% estudia idiomas en la enseñanza secundaria. En Irlanda, Luxemburgo y Austria ya desde la enseñanza primaria. El 38% de los españoles dedican parte de su tiempo laboral a estudiar una segunda lengua y sólo el 2% de los portugueses y el 3% de los franceses lo hacen. El 34% señalan que no aprenden otro idioma por falta de tiempo. El 22% de los europeos dicen no tener facilidad para aprender idiomas.
—*Un estudio de la Unión Europea revela que el 53% de los españoles no habla ningún idioma extranjero.*
El País, Madrid, 20 febrero 2001

Vocabulario

acabar de echar por tierra	to tear down
acaparar	to monopolize
aprendizaje	act of learning
ascenso fulgurante	astounding increase
auge	boom
aumentar	to increase
castellano	Spanish

centenar	a hundred
despegar	to take off
escoger	to choose
esfuerzo	energy; effort
fortísima	very strong
merecer la pena	to be worth the bother
ofrecer a concurso	to advertise
otorgar (a)	to confer upon; grant to
recelo	fear
recortar terreno a pasos agigantados	to overtake by leaps and bounds
rendido	defeated
salvando las distancias	taking distinctions into account
supeditar	to suppress
suscitar	to provoke
temeroso	fearful

Preguntas sobre la lectura

1. ¿Cuál es la situación del español en los países europeos?
2. ¿Qué temen los franceses?
3. ¿Qué medidas han tomado los franceses al respecto?
4. ¿Qué suelen causar las diferencias de lengua? ¿Por que?
5. ¿Cuáles son las lenguas más importantes de Europa?
6. ¿Cuál es el principal reto del español en este nuevo siglo?
7. ¿Qué porcentaje de europeos saben lenguas extranjeras?
8. ¿Qué porcentaje de europeos estudian inglés?
9. ¿Por qué los franceses han tenido que ofrecer trabajo a cien mexicanos?
10. ¿Cuál es la situación del español en los EE.UU.?
11. ¿Cuántos hispanos viven en EE.UU.?

Más allá de la lectura

1. ¿Por qué estudia Ud. español?
2. ¿Por qué crece la demanda del español?
3. ¿Es mejor estudiar sólo un idioma en la universidad? ¿Debe haber la opción de más?
4. ¿Por que motivos se aprende otro idioma?
5. ¿Qué ventajas hay de ser hispanohablante en EE.UU.?
6. ¿Qué opina Ud. sobre la educación bilingüe en EE.UU.?

11

Los expertos reunidos en Madrid igualan prostitución y esclavitud
Rechazo a la regularización de la actividad

Amaya Iríbar, Madrid, 29 junio 2000

Toda prostituta es una esclava. Así lo consideran los expertos que han participado en el Simposio Internacional sobre Prostitución y Tráfico de Mujeres que ayer se clausuró en Madrid. Los debates concluyeron con la petición de perseguir con más intensidad y mayor eficacia a aquellos que se benefician de esta industria que, según un cálculo oficial, emplea en España a 300.000 mujeres. Sólo uno de los participantes defendió la regularización de esta actividad, mientras que la Comunidad de Madrid, organizadora del encuentro, abogó por endurecer las penas.

"España tiene que revisar su legislación, ser más dura con los que explotan a seres humanos", respondió la consejera de Asuntos Sociales de la Comunidad de Madrid, Pilar Martínez, del PP, quien enviará las conclusiones del encuentro a los partidos —una subcomisión parlamentaria estudiará el asunto en esta legislatura— y a la Unión Europea porque éste es "un problema internacional". Se trataría de volver a retomar el Código Penal aprobado en 1995, algo que ya se hizo en lo relativo a violencia familiar, para endurecer las penas por proxenetismo y tráfico de personas.

Martínez, quien subrayó que este trabajo no le corresponde a la Comunidad de Madrid, fue tajante ante la posibilidad de regularizar la prostitución, tal y como sugirió la semana pasada el alcalde de Madrid, José María

Alvarez del Manzano, también del PP. Considerar la prostitución un trabajo "es un retroceso en la defensa de los derechos humanos", dijo, una opinión que comparten la directora del Programa para la Promoción de la Condición de las Mujeres del Mediterráneo de la UNESCO, Wassyla Tamzali; la presidenta del movimiento por la Abolición de la Prostitución y la Pornografía, Malka Marcovich y la mayoría de los participantes.

Algunas de las defensoras de la regularización de esta actividad se quejaban de que sus posiciones no han tenido reflejo en el congreso y que, en su opinión, han dado sólo voz a las tendencias abolicionistas (contrarias a regularizar una actividad que consideran una explotación, no un trabajo).

El colectivo madrileño Hetaira de defensa de los derechos de las prostitutas rompió el fuego a favor de las tesis partidarias de regularizar esta actividad. Su portavoz, Cristina Garaizabal, puntualizó que "existen redes que obligan a mujeres y niñas a prostituirse bajo amenazas, en unas condiciones propias de esclavos. Eso es algo intolerable que debe perseguirse con más ahínco del que se ha puesto hasta ahora, ya que están implicados gobiernos y otros sectores poderosos".

Pero esta asociación considera que no todas las prostitutas viven en condiciones de esclavismo. "Muchas ejercen esta actividad porque, con su escasa formación y las dificultades que tiene la mujer en el mercado laboral, la prefieren a empleos en los que trabajan muchas horas por muy poco dinero. Legislando sobre su actividad se les ofrece más capacidades de defenderse que con políticas que no las reconocen como trabajadoras", añadió. "Gran parte del rechazo que sufren estas mujeres se debe a la doble moral y a la clandestinidad a la que se enfrentan", apostilló.

Hetaira es también contraria a que las Administraciones regulen el ejercicio de la prostitución atendiendo sólo a los intereses institucionales y sin escuchar a las mujeres. Sin embargo, en este simposio no ha tenido voz ninguna prostituta.

En cambio, la Asociación para la Prevención, Reinserción y Atención de la Mujer Prostituta (APRAM) no cree que esta actividad pueda considerarse un trabajo. Su directora, Rocío Nieto, asegura que ninguna de las mujeres con las que han contactado en quince años querían seguir en la calle. "Lo que hacen falta son medidas sociales, que ahora escasean para ayudar a estas mujeres a buscar alternativas laborales", asegura. En Médicos del Mundo tampoco tienen claro si la regularización ayudaría a solucionar el problema. La mayoría de las prostitutas lo son por obligación, explicó su responsable de Cuarto Mundo, María Angeles Rodríguez Arenas.

Holanda y Suecia

El ejemplo de dos países ha sobrevolado buena parte de las ponencias que se han podido escuchar en el Simposio internacional sobre prostitución y tráfico de mujeres. Holanda, Suecia. Tolerancia o persecución. Los ponentes invitados no se han decidido por ninguno de los dos modelos, pero estuvieron mucho más cerca de la experiencia nórdica, que prohibe la prostitución.

Suecia ha modificado su legislación para perseguir la prostitución de una forma original: es el único país de la Unión Europea que castiga, con pena de hasta seis meses de cárcel, a los clientes de las prostitutas.

En Holanda, por el contrario, la prostitución es una actividad legal y las trabajadoras de la industria del sexo cotizan a la Seguridad Social. Este modelo fue duramente criticado por muchos de los expertos porque, en su opinión, fomenta el tráfico de mujeres. Al encuentro no fue invitado ningún representante del Gobierno holandés para explicar su planteamiento.

Ampliación de la lectura

Se calcula que en España hay aproximadamente unas 300.000 prostitutas y el número está en crecimiento. Los expertos en el fenómeno rechazan a que la prostitución sea considerada un trabajo cualquiera y, en consecuencia, a que se regulen las condiciones laborales de las prostitutas. Para todos ellos se trata de una forma de esclavitud y un ejemplo extremo de la discriminación que sufren las mujeres. En Suecia, por ejemplo, tiene leyes que castigan al cliente lo que según parece ha hecho reducir el fenómeno un 35% en sólo seis meses. Holanda, Alemania y España son más permisibles y aceptan la prostitución, pero rechazan socialmente a los hombres y mujeres que forman parte de ese mundo.

—*En España ejercen 300.000 prostitutas, según un cálculo oficial.*
Amaya Iríbar, Madrid, 27 junio 2000

La prostitución no está penalizada en España y aun así son difíciles las estadísticas al respecto. No existen datos fiables del número de prostitutas ni de las cantidades de dinero que se mueven en esta actividad. La Guardia Civil contabilizó 10.000 prostitutas trabajando en macroclubes de carretera con múltiples servicios que cambian la apariencia del negocio. Estos locales proliferan sobre todo tras la llegada a España de miles de mujeres procedentes del Este y de Suramérica a través de redes clandestinas. Dicha proliferación de estos locales tiene que ver con la despenalización de la prostitución, la tolerancia de los españoles con respecto al sexo y la entrada masiva de mujeres extranjeras. El sexo es un negocio en expansión. España ha pasado de la producción de tres películas pornográficas anuales a siete al año. El 30% de los anuncios por palabras en periódicos de información general corresponden a la sección de relax. A diario abren 200 *sexshops* en España.

—*Hipermercados del sexo.*
Luis Gómez, 25 junio 2000

Los expertos reunidos en Madrid igualan prostitución y esclavitud

En España hay 20.000 inmigrantes explotadas como prostitutas, sobre todo de América y Europa del Este y de África. Se inician con la promesa de un trabajo y terminan en cualquiera de los centenares de clubes de alterne donde observan impotentes cómo aumenta su deuda (viaje, pasaporte y visado falso). La mayoría de las mafias de inmigrantes desarticuladas se dedican a la prostitución. En los dos últimos años, la policía ha desmantelado 186 de estas redes y detenido a 393 personas. Además de las mafias dedicadas a la prostitución, se han detenido a falsificadores de documentos que colocaban a inmigrantes en el sector agrícola, ganadero y en la hostelería. Desde la Ley de Extranjería del 2000, las posibilidades de perseguir a las mafias que explotan a los inmigrantes indocumentados han aumentado puesto que se garantiza al inmigrante su permanencia en España si denuncia a sus explotadores. En el caso de mujeres que ejercen la prostitución, algunas han sido alentadas por sus clientes. Varias personas, en su mayoría mujeres, ya han llevado a juicio a sus negreros.

—*La policía detecta un aumento de mafias que explotan a inmigrantes.*
José María Irujo, Madrid, 28 enero 2001

Policías han desarticulado en Madrid una red dedicada a la introducción de subsaharianas con documentación falsa para explotarlas como prostitutas. La banda trajo a unas 150 mujeres en los últimos cuatro meses, tras cruzar el Estrecho en pateras. La mayoría de las explotadas provenían de Nigeria. Los investigadores han hallado 11 contratos en los que otras tantas mujeres reconocían una deuda de 40.000 dólares (7,4 millones de pesetas) a cambio del viaje a España. El destino final de las africanas estaba en Madrid. Algunos miembros de la red las llevaban en furgonetas, las distribuían por zonas y se encargaban de vigilarlas. Cinco nigerianos eran los encargados de controlar a las chicas. Para que no huyeran, les requisaban los documentos y efectos personales que traían mientras ejercían la prostitución. En algunos casos, la banda tenía esclavizadas a las mujeres como prostitutas durante un par de meses para obtener de ellas un suculento beneficio inmediato en cumplimiento del contrato que les obligaban a firmar. Después, las vendían por dos millones a otras redes. Sus nuevos propietarios heredaban todos los derechos sobre estas esclavas sexuales. La red desmantelada también exportaba a otros países como Holanda, Bélgica y Reino Unido. Dos mujeres, nigeriana de 22 años y ruandesa de 29, eran las encargadas de la venta de las mujeres y su distribución en otros mercados. La Unidad Central de Extranjeros ha detenido a una veintena de africanos, cinco mujeres y el resto hombres miembros de la banda. 14 de los detenidos son nigerianos, dos de Sierra Leona, uno de Ruanda, otro de Liberia, otro de Costa de Marfil y uno de Gran Bretaña (un supuesto intermediario de la banda para efectuar ventas en el extranjero).

—Una red introdujo en España a 150 mujeres inmigrantes irregulares para prostituirlas.
Juan Francés, Madrid, 24 febrero 2001

Vecinos de la Casa de Campo han denunciado que hay jóvenes menores de edad que ejercen la prostitución en su barrio. Son chicas de 13 y 14 años, casi todas africanas o procedentes del este de Europa. Ante esta denuncia, las autoridades tratarán de comprobar si hay menores ejerciendo la prostitución, entre las 1.200 mujeres que ofrecen sus servicios. La sospecha de que menores se prostituyen en las calles de Madrid es antigua. Los responsables del ayuntamiento estudian desde hace un año qué hacer con la prostitución de la zona.

—Inmigrantes menores de edad ejercen la prostitución en la Casa de Campo.
Susana Hidalgo, Madrid, 25 febrero 2001

En el año 2000 el número de prostitutas contabilizadas ascendió a 14.089. Un dato resultaba muy significativo: 12.804 prostitutas eran extranjeras, es decir, el 90% del total contabilizado. Este negocio está directamente relacionado con el tráfico de seres humanos y, por tanto, con el fenómeno de la inmigración. El fenómeno pone de manifiesto la existencia de redes dedicadas a traer mujeres del exterior para proveerlas de visados de turista, hacerlas entrar en España y luego distribuirlas entre los clubes. El movimiento económico que todo este negocio supone todavía sigue siendo una incógnita aunque las cantidades de dinero que mueve este negocio son enormes. El 70% de las prostitutas extranjeras son americanas, donde destaca de forma palpable el caso de las colombianas, cuyo número asciende a 4.761, es decir, algo más de la mitad de las que proceden de dicho continente. Se observa también un notable incremento de las europeas, sobre todo del Este (casi el 17%, donde destacan Rusia y Ucrania), y una incorporación cada vez más alta de las africanas (12,75%), donde los principales países de procedencia son Nigeria y Marruecos. A diferencia de otros países europeos, la presencia de prostitutas de origen asiático es casi marginal (0,03%). El negocio de la prostitución es tan floreciente que se está procediendo a una mejora de las instalaciones. Cierran los pequeños clubes mientras que aumentan los grandes, asentados muchos de ellos sobre antiguos hoteles u hostales de carreteras que han sido reformados para esta nueva actividad. Pero también empiezan a destacar las instalaciones de reciente construcción que necesitan inversiones multimillonarias. Son los llamados hipermercados del sexo, cada vez más evidentes en el extrarradio de las grandes ciudades o en las más importantes vías de comunicación por carretera.

—El 90% de las prostitutas que trabajan en España son inmigrantes.
Luis Gómez, Madrid, 4 marzo 2001

Vocabulario

abogar	to argue for
ahínco	eagerness
alentado	encouraged
apostillar	to note
carretera	highway
centenares	hundreds
clandestinidad	secrecy
clausurar	to bring to a close
club de alterne	pick-up bar
cotizar	to pay one's dues
cumplimiento	fulfillment
desmantelar	to dismantle
eficacia	efficiency
ejercer	to practice
escasa formación	insufficient, minimal education
esclavitud	slavery
floreciente	flowering
fomentar	to promote
furgoneta	van
nórdica	northern
patera	shallow boat
pena	penalty; punishment
perseguir	to pursue; to hunt down
proxenetismo	procurement
red	network
reflejo	reflection
requisar	to requisition
ser humano	human being
sobrevolado	overtaken
subrayar	to emphasize; underline
tajante	sharp; emphatic
tesis partidaria	partisan proposal

Preguntas sobre la lectura

1. ¿Cómo se percibe a las prostitutas?
2. ¿Qué medidas se proponen al respecto?
3. ¿Qué dicen los partidarios de la regulación de la prostitución?
4. ¿Qué argumentan?
5. ¿Qué ejemplos de tolerancia y persecución se mencionan? Explíquelos.
6. ¿Qué rechazan la mayoría de los expertos?
7. ¿Qué y cómo aumenta el problema de la prostitución?
8. ¿Cómo se realiza el tráfico de mujeres?
9. ¿Qué factores ayudan a la proliferación de la prostitución?
10. ¿Qué denuncias se han presentado en Madrid?
11. ¿Con que otros problemas se relaciona directamente la prostitución?
12. ¿Qué estadísticas se proporcionan sobre las prostitutas?
13. ¿Cómo está cambiando el negocio de la prostitución?

Más allá de la lectura

1. ¿En qué sentido es la prostitución un trabajo como cualquier otro?
2. ¿Se debe de considerar la prostitución como crimen?
3. ¿Quién sería el criminal —la prostituta o el cliente— y por qué?
4. ¿Es legal la prostitución en los EE.UU.? ¿Bajo cuáles condiciones?
5. ¿Por qué recurre el cliente a los servicios de una prostituta?
6. En EE.UU. se habla del "turismo sexual" de hombres que van a otros países con intenciones de utilizar el servicio de prostitutas y el "turismo romántico" de mujeres. ¿Qué piensa Ud. de esto?
7. ¿Qué responsabilidades tiene un organismo como la ONU para lidiar con la prostitución internacional?

12

España pasa de ser el país más igualitario de la UE a ocupar el octavo puesto, según la ONU

Los españoles ricos aumentaron en 1998 su distancia en poder económico con los pobres

Miguel Bayón, Madrid, 30 junio 2000

España ha pasado en un año de ser el país de la UE con menos diferencia entre pobres y ricos a ser el octavo, según el Informe sobre *Desarrollo Humano 2000*, presentado ayer mundialmente por el Programa de la ONU para el Desarrollo (PNUD), con datos de 1998. La diferencia deriva de las mayores ganancias del 20% más rico de los españoles. En la clasificación del índice de Desarrollo Humano —que une entre otros los datos de esperanza de vida, las tasas de alfabetización, escolaridad y el producto interior bruto (PIB) per cápita— España sigue siendo el 21 de 174 países.

El PNUD calcula la diferencia entre ricos y pobres según el cociente entre los ingresos y el consumo del 20% más rico de la población y el 20% más pobre. España ocupa el puesto octavo, igualada con Grecia (con un cociente del 5,4). El informe anterior la señalaba como el país con menores diferencias (4,4); los pobres, con el 7,1% del total nacional, y los ricos con el 31,4%. En 1998 al 20% más pobre corresponde el 7,5% del ingreso / consumo, mientras que el 20% de los ricos alcanza el 40,3%. Por tanto los españoles más ricos han ganado un 9% más, mientras que los pobres prácticamente siguen igual.

Austria tiene la menor diferencia (3,2), pero los observadores pronostican que cambiará por los recortes sociales del neonazi Haider. Siguen Suecia, Bélgica, Finlandia y Dinamarca (3,6); Luxemburgo (3,9) e Italia (4,2). Peor que España y Grecia están Holanda (5,5), Francia (5,6), Alemania (5,8), Portugal (5,9), Irlanda (6,4) y Reino Unido (6,5).

En la clasificación por índice de desarrollo humano, en 1996 España estaba en el puesto 11 del mundo. En 1997 ocupó el 21, y ahora repite el puesto, lo que la sitúa en la zona media de los 46 países de alto desarrollo humano. De los 35 estados con nivel bajo, los 24 últimos son africanos y en 22 se ha registrado un retroceso en desarrollo humano desde 1990, "sobre todo por la pandemia del SIDA".

España tiene un 9,1% de pobreza (personas con menos del 50% del ingreso medio). Presenta una tasa de alfabetización de mujeres del 96,5%, pero el PIB per cápita es de 1,7 millones de pesetas por mujer y 4,1 por hombre. En educación, el gasto público es del 11%, un 81% del cual se destina a enseñanza infantil, primaria y secundaria. En salud, España cuenta con 120.000 infectados de SIDA. Los médicos son 400 por 100.000 habitantes. La tasa anual de crecimiento demográfico hasta 2015 se calcula en España en –0,2%. La población urbana pasará del 77% actual al 81%, y los mayores de 65 años del 16,5% al 19,7%.

Canadá, por tercer año consecutivo, encabeza la clasificación, aunque su diferencia entre ricos y pobres es 5,2 y el PNUD le critica porque el Gobierno de la provincia de Ontario persiste en subvencionar a las escuelas católicas y no a las de otras confesiones.

Luces y sombras

El informe señala avances en el mundo desde 1970: la esperanza de vida ha aumentado de 55 a 65 años, la tasa de mortalidad infantil ha descendido un 40%, y la matriculación escolar ha subido del 50% al 72%.

Pero, mientras en los países ricos viven unos 1.000 millones de personas, en el mundo pobre 1.200 millones tienen que sobrevivir con menos de 175 pesetas al día. En los países de la OCDE hay 130 millones "con pobreza de ingresos". Por ejemplo, en Estados Unidos el porcentaje por debajo de la línea de pobreza es del 17%, y le siguen Irlanda y Reino Unido.

El informe cita que 790 millones de personas "no están adecuadamente alimentadas" (el español cuenta con 3.310 calorías diarias, mientras que el sierra leonés, sólo con 2.035). El analfabetismo o la falta de acceso al agua potable afectan a 1.000 millones. 250 millones de niños son explotados laboralmente. 100 millones de menores viven en la calle. Sólo en Filipinas hay 766.000 niños empleados precariamente como criados. 30.000 niños en el mundo mueren cada día por enfermedades evitables. Dos países aún no han ratificado la Convención de Derechos del Niño: Somalia y EE.UU.

Las 200 personas más ricas del planeta poseen más de 175.000 millones de pesetas, mientras que los 582 millones de habitantes de los 43 países menos desarrollados sólo llegan a 146.000 millones de pesetas. Esos países atraen sólo 530.000 millones de pesetas en inversiones extranjeras, es decir, apenas un 0,4% del total mundial.

La ayuda bilateral de los países ricos a los pobres para salud, educación y abastecimiento de agua y saneamiento sólo alcanza el 8,3% de la ayuda oficial al desarrollo, cuando la Cumbre Mundial de Copenhague en 1995 había fijado un 20%.

El informe vincula fuertemente el nivel de desarrollo con los derechos humanos. La directora de Información de la ONU en España, Isel Rivero, dijo ayer: "Los derechos humanos son el referente más abstracto y más concreto, el más revolucionario". "No son una recompensa del desarrollo, sino fundamentales en él", señalado Rebeca Ríos, asesora de Derechos Humanos en el PNUD. Y Fernando Mariño, presidente de la Asociación pro Derechos Humanos de España (APDHE) y catedrático de la Universidad Complutense de Madrid, afirmó: "No hay desarrollo si no respetan los derechos humanos en el proceso mismo de desarrollo".

Ampliación de la lectura

La Unión Europea se propone llegar al 60% de empleo femenino, lo cual supone para España 3,2 millones de empleos más en 10 años. El ministro de Trabajo mencionó que la situación de partida española es peor, pero que las expectativas son buenas y que el ritmo de creación de empleo en España permitirá alcanzar ese nivel. España registra una notable diferencia de desempleo entre hombres y mujeres (9,3%, frente al 20,2%). La representación media de mujeres en los Parlamentos europeos es del 20%.

—*España debe emplear a 3,2 millones de mujeres más para cumplir el objetivo de la UE.*
Gabriela Cañas, Norrköping, 23 enero 2001

Entre 20.000 y 30.000 personas viven "literalmente en la calle" en España. De ellas, unas 9.000 son atendidas cada día en la red de albergues y servicios de alojamiento. Además, según explicó Pedro José Cabrera, autor del estudio y director de la Escuela de Trabajo Social de la Universidad de Comillas, unas 20.000 acuden a los comedores para personas con pocos recursos, que cuentan con entre 19.000 y 24.000 plazas, por lo que "puede decirse que 20.000 personas comen cada día de la caridad".

La atención de estas personas está mayoritariamente a cargo de la iniciativa privada, que es titular del 79% de los centros de acogida y gestiona un 7% más. Este servicio cuesta unos 10.000 millones de pesetas al año, lo que significa una media diaria de entre 2.400 y 3.100 pesetas por persona y día, con los que hay que cubrir sus necesidades de manutención, ropa y alojamiento, además del mantenimiento de los centros. Los fondos públicos cubren poco más de la mitad de los gastos (el 54%). Y estos importes podrían ser muy superiores si no se contara con voluntarios, que representan el 80% del personal que trabajan en albergues, roperos y comedores.

El perfil de los usuarios de estos servicios ha cambiado en los últimos años, según el informe. Frente al predominio de los hombres solteros de mediana edad con problemas psiquiátricos o de alcoholismo, los servicios sociales han detectado una diversificación en los tipos de personas sin hogar. Entre éstos se incluyen varones jóvenes con problemas familiares; drogadictos o ex drogadictos; mujeres víctimas de malos tratos, o sin recursos después de un divorcio o una separación, y los inmigrantes.

El estudio destaca que un 1% de los atendidos son menores de 16 años, que casi un 5% son familias completas, el 17% temporeros y entre el 13% y el 24% extranjeros, principalmente provenientes del norte de África, Europa del este y Portugal. También se resalta el aumento del nivel educativo de las personas atendidas.

—*Más de 20.000 personas viven "literalmente en la calle" en España, según Cáritas.*
Emilio de Benito, Madrid, 22 noviembre 2000

La exclusión social es una amenaza cada vez más preocupante. Según el informe España 2001 "La precariedad laboral es la antesala de la exclusión para muchos ciudadanos" y ésta deriva en buena medida de los cambios socioeconómicos. 18 de cada cien españoles tienen ingresos inferiores al umbral relativo de la pobreza (fijado en la mitad de la renta media). Esta situación afecta al 17% de los ciudadanos del conjunto de la UE. El informe también destaca el empuje de la inmigración, casi triplicada en la década pasada, y señala que casi la mitad de los españoles, el 49%, cree que la presencia de extranjeros provoca más paro y delincuencia. Las familias monoparentales, casi siempre encabezadas por mujeres, los parados de larga duración y los jóvenes figuran entre los más afectados por el fenómeno. Éste supone "una brecha" que afecta al funcionamiento de la sociedad. El informe también recoge las diferencias regionales. El País Vasco se sitúa en cabeza en cuanto a recursos destinados a las rentas mínimas. Comunidades como Andalucía, Murcia o Extremadura están por debajo de la media nacional.

—*Un estudio revela el peligro creciente de la exclusión social.*
El País, Madrid, 22 marzo 2001

España es el tercer país del mundo con mayor calidad de vida (después de Suiza y Alemania), según la revista inglesa *The Economist*.

Dicha conclusión sale a raíz del análisis de ciertos indicadores, entre ellos, la educación, la economía, la sanidad, la cultura, la política, los homicidios, etc. España está por delante de Suecia, Italia, Japón, Estados Unidos, Inglaterra, Francia y Canadá.
—*España, tercer país del mundo donde mejor se vive.*
El País, 3 enero 1994

Según una encuesta de Cáritas la pobreza es un fenómeno tanto económico como educativo o emocional. La pobreza en España es urbana: Cuatro de cada cinco pobres viven en medio urbano frente a un 17,8% que reside en medio rural. Casi la mitad de los pobres de las ciudades pequeñas y medias no supera los 25 años. En el medio rural, un 22,8% de hogares está bajo el umbral de la pobreza, pero en Extremadura esta proporción llega al 41,5%, en Castilla-La Mancha al 35,3% y pasa del 30% en Andalucía y Castilla y León. La pobreza rural en España es, en general, moderada y con características de precariedad social. Un factor estructural de desigualdad es la exclusión absoluta o relativa del sistema educativo. El 95% de los cabezas de familia encuestados no ha obtenido un título superior al de estudios primarios. Un 34,5% de los cabezas de familia que viven en un suburbio sabe sólo leer y escribir, y el 29,2% es analfabeto. Pero el paro es lo más visible. La tasa de desempleo de los pobres casi triplica (57,8%) a la del conjunto de la población (22% en 1996), y un 40,3% sólo tiene actividad laboral muy baja. Un 8,9% de los hogares pobres españoles son gitanos, y un 2,8% corresponde a inmigrantes extranjeros.
—*La precariedad laboral agrava la miseria femenina, según Cáritas.*
Miguel Bayón, Madrid, 5 abril 2000

El 56% de los hogares españoles que se encuentran por debajo del umbral de la pobreza está formado por mayores de 65 años. Más del 15% de la población española es mayor de 65 años y esta cifra continuará aumentando. De los 6,7 millones de personas mayores que viven en España, el 4% ocupa una plaza en una residencia. Un 21% vive sola. Cada vez son más los mayores que prefieren vivir solos, aunque esta independencia se va perdiendo con la edad. Sus ingresos medios son de sólo 1,7 millones de pesetas anuales, sin embargo las dos terceras partes afirman que están satisfechos con su poder de compra. El 8% recibe ayuda económica aparte de sus pensiones. La tercera edad es la que en promedio tiene unos ingresos más bajos, junto con los menores de 24 años. Por eso, el 70% manifiesta que llega con dificultades a fin de mes. Su ahorro es simbólico, y uno de cada cinco afirma que lo hace "para poder dejar algo" a sus familiares.

Sus ocupaciones favoritas son ver la televisión (el 97%), ir a pasear y ver a sus amigos (el 89%), por delante de estar con la familia (el 86%). La salud es su principal preocupación (el 85%), y la soledad es un factor que influye en cómo se encuentran. El 37% de los que están solos dicen que su estado es malo, frente al 31% de los que viven acompañados y el 28% de los ingresados en una residencia. El 50% de ellos sufre alguna enfermedad crónica o una discapacidad, y el 15% sufrió un accidente o se cayó el último año.

Sólo el 25% está "satisfecho" con la vida que lleva. La muerte, en cambio, no parece ser una de sus preocupaciones mayores. Sólo el 22% declara que le tiene mucho o bastante miedo (un 19% si vive en una residencia). El 27% está a favor de prolongar la vida a cualquier precio, prácticamente los mismos que los partidarios de la eutanasia activa (el 28%). La mayoría, el 43%, está a favor de no alargar la vida artificialmente (la eutanasia pasiva).

—*El 56% de los hogares pobres está formado por mayores de 65 años.*
Emilio de Benito, Madrid, 24 enero 2001

En comparación con los ciudadanos de países similares, los españoles se comprometen poco y evitan servir en cargos públicos y de responsabilidad que puedan mejorar su entorno. No se sienten responsables de los espacios públicos ni de lo que no pertenece a sus familias y amigos y se considera público. Sin embargo se preocupan con problemas lejanos, como los intentos de mejorar la situación del Tercer Mundo. Colaboran en otras situaciones que son de responsabilidades y beneficios colectivos, por ejemplo en la organización de fiestas populares, con la América Latina, con la donación de órganos (España es el líder mundial en donantes). Los españoles contemporáneos son cada vez más consumistas e individualistas. Los jóvenes son los que más se implican en los problemas sociales.

—*Los españoles no sienten compromiso con lo público, según un estudio.*
Juan J. Gómez, Madrid, 27 octubre 1999

Vocabulario

abastecimiento	provision; supply
acudir a	to have recourse to
agua potable	drinking water
albergue	shelter
alojamiento	lodging
antesala	threshold

brecha	gap
caridad	charity
centro de acogida	homeless shelter
cociente	quotient
comedor (de beneficiencia)	soup kitchen
comprometer	to commit
criado	servant, usually live-in
desempleo	unemployment
discapacidad	disability
encabezar	to head; to be at the top of; first
entorno	surroundings
gestionar	to take steps to attain
índice de desarrollo humano	human development index
ingresado	(person) admitted to a residence care facility or hospital
lejano	distant
manutención	care; upkeep
monoparental	single-parent
OCDE (Organización para la Cooperación y el Desarrollo Económico)	Organization for Economic Cooperation and Development
personas sin hogar	homeless people
producto interior bruto (PIB)	gross national product (GNP)
recorte	cutback
resaltar(se)	to stand out
retroceso	reverse motion; slump; decline
ropero	clothing warehouse for the needy
salir a raíz	to be derived from
saneamiento	sanitation; sewerage
sin recursos	needy; without resources
soltero	single; unmarried
subvencionar	to subsidize
suponer	to presume or suppose
tasa de alfabetización	literacy rate
tercera edad (persona de la)	senior citizen
(ser) titular de	to be the owner of
umbral de la pobreza	poverty line
usuario	user

Preguntas sobre la lectura

1. ¿Qué puesto ocupaba España antes y ocupa ahora con respecto a la igualdad socioeconómica?
2. ¿Qué porcentaje de pobreza tiene España?
3. ¿Cuál es su tasa de alfabetización?
4. ¿Qué otros datos puede Ud. mencionar de la situación actual española?
5. ¿Cómo es la situación actual entre ricos y pobres en España?
6. ¿Cómo se compara con otros países europeos?
7. ¿Cómo se compara con el resto del mundo en desarrollo humano?
8. ¿Cuáles son "las luces"? ¿Cuáles son "las sombras"?
9. ¿Cuál es la diferencia entre ricos y pobres a nivel mundial?
10. ¿Cuál es la relación entre desarrollo y derechos humanos?
11. ¿Cuáles son las expectativas de la UE y que requiere ésta de España?
12. ¿Cuál es la diferencia de empleo entre hombres y mujeres?
13. ¿Cuántas personas sin hogar hay en España?
14. ¿Cuántas personas usan los albergues y servicios de alojamiento diariamente? ¿Y cuántas comen cada día de la caridad?
15. ¿Cuál es el costo promedio diario de cuidar a una persona sin hogar?
16. ¿Qué porcentaje de los gastos se paga con dinero público?
17. ¿Cómo ha cambiado el usuario típico en los últimos años?
18. ¿Qué datos se presentan de las personas sin hogar?
19. ¿Cómo han cambiado en los últimos años?
20. ¿Qué dice el estudio sobre exclusión social?
21. ¿Qué señala *The Economist*?
22. ¿Qué información proporciona *Cáritas* sobre la pobreza?
23. ¿Qué información se proporciona de las personas mayores?
24. ¿Cómo se describen los jóvenes en cuanto a su compromiso social con lo público?

Más allá de la lectura

1. "1200 millones de personas tienen que sobrevivir con menos de $1 diario." Comentar las consecuencias.
2. ¿Hay solución a la enorme desigualdad entre ricos y pobres?
3. ¿Por qué razones cree Ud. que hay gente sin hogar en los países industrializados?
4. ¿Quién(es) tiene(n) la responsabilidad de cuidar a las personas que viven en la calle?

5. ¿Cuáles son los inconvenientes de no tener hogar?
6. ¿Una vez que una persona ha perdido su hogar y tiene que depender de la caridad para sostenerse, cuáles son los obstáculos que tiene que superar para rehacer su vida?
7. ¿Qué puede hacer el gobierno o la sociedad para reducir el número de personas que dependen de la caridad para alojamiento, comida y ropa?
8. ¿Cree Ud. que los programas de alojamiento y comedores para los pobres atraen a pobres o impiden que los pobres solucionen sus problemas?
9. ¿Qué ayuda a los pobres a salir de su situación? ¿Por qué?
10. ¿Qué se debe hacer con las personas con problemas psiquiátricos que no pueden cuidarse solos pero que se niegan a utilizar centros de acogida?
11. ¿Cuáles son algunos estereotipos sobre las personas que acuden a los centros de acogida?

13

"Gays" y lesbianas pulsan la supuesta tolerancia española

Los homosexuales quieren dar el salto desde el lenguaje políticamente correcto hasta la igualdad legal

Lucía Argos, Madrid, 2 julio 2000

¿Es respeto real del clima actual de tolerancia en España en torno a la homosexualidad, o es parte de un lenguaje políticamente correcto que también se usa en otros ámbitos? Los gays y lesbianas tienen sus dudas, sobre todo desde el momento en que el supuesto apoyo mayoritario que obtienen en las encuestas no se refleja en leyes que les equiparen a las parejas legalmente constituidas, hoy por hoy su principal objetivo. "Lo que se ha controlado es que hoy ya nadie haga discursos homófobos. Pero con el tiempo o esta tolerancia da como resultado el respeto, entendiendo por ello la igualdad ante la ley, o se convertirá en algo virtual y seguiremos siendo rechazados", advierte Pedro Zerolo, presidente de la Federación Estatal de Lesbianas y Gays.

Hace 12 años, una encuesta del Centro de Investigaciones Sociológicas (CIS) mostraba que sólo el 16% de los españoles consideraba "aceptable" la homosexualidad. Las últimas elaboradas por este organismo ya dibujan una sociedad que mayoritariamente dice considerar "la homosexualidad como una opción personal tan respetable como la heterosexual". Y aún va más allá. En 1997, el 57,4% de los encuestados se muestra partidario de que las parejas homosexuales tengan "los mismos derechos y obligaciones que las casadas" y un 84,6% apuesta por permitir el matrimonio civil a los gays y lesbianas. Casi un 60% apoya que tengan derecho a adoptar hijos.

Lo curioso es comprobar qué responde este ciudadano cuando la pregunta se acerca a su entorno. En 1987 y en 1992 al CIS se le ocurrió plantear: "¿Sería para usted un problema grave que un hijo suyo varón, o una hija suya tuviera relaciones homosexuales?" Más del 70% respondió abiertamente que sí.

La contradicción no se produce en España sólo con este tema. A juzgar por las encuestas, en España no habría un solo racista. "Toleramos en los otros, pero no en nosotros", reflexiona el sociólogo Gil Calvo. "El salir del armario es tan reciente en España que ser tolerante en carne propia es todavía una lección pendiente". En cualquier caso, la sociedad no tiene una opinión unánime, recuerda el sociólogo. "Inevitablemente las encuestas sacan mayorías y la propia sociedad tiende a asumir la opinión mayoritaria. Es un espejismo al que tienden a acomodarse los ciudadanos conformistas", dice Gil Calvo.

Si realmente piensa lo que afirma esa voz mayoritaria actual apoya una situación jurídica que aún no se da en la mayor parte del Estado español. Hay leyes de parejas de hecho aprobadas en Cataluña, Aragón y Navarra, pero sólo en esta última comunidad se contempla la adopción. Registros de parejas se han abierto en distintos ayuntamientos, con mayor valor simbólico que efectivo. "Sólo el PP está en contra de nuestras reivindicaciones", afirma tajante Zerolo. "No sólo se ha opuesto a los distintos proyectos de ley de parejas de hecho presentados, sino que en la anterior legislatura presentaron una propuesta absurda con la única intención de evitar que se aprobara la de Coalición Canaria".

Aunque esperanzado con los logros alcanzados hasta ahora, Zerolo dice observar en esta legislatura "un envalentonamiento de las posturas negadoras de nuestros derechos en algunos miembros del PP". Y cree que no son casuales "porque cada vez coinciden de forma más orquestada con los representantes de la jerarquía católica. La única razón que logro encontrar para esto es el peso del Opus Dei tanto en el Gobierno como en el Vaticano. Algunos aún no se han enterado de que éste es un Estado aconfesional".

La jerarquía católica ha manifestado por boca de alguno de sus representantes que "los homosexuales necesitan comprensión, pero no justificación". Son palabras muy recientes del obispo Francisco Gil, secretario del Consejo Pontificio para la Familia del Vaticano, quien en réplica a la petición de una revisión de las posturas rígidas sobre la moral sexual que hizo el ex abad de Montserrat, Cassiá Just, declaró: "lo que no necesitan esas personas son actitudes liberatorias; o sea, decirles que no tiene importancia y que pueden realizarse, porque estás ayudando a su desorden", en línea con la doctrina del catecismo.

Los homosexuales españoles piden el derecho al matrimonio —sólo reconocido en Holanda y en Dinamarca— y las consecuencias que de ello se derivan, desde el derecho a una pensión de viudedad hasta la adopción. En este sentido, se topan con las mismas barreras legales que una pareja de hecho heterosexual. Zerolo marca una diferencia: "Aquellas tienen el derecho al matrimonio y nosotros no".

De momento no existe ninguna iniciativa parlamentaria al respecto. La diputada y secretaria de Asuntos Sociales del PP, Ángeles Muñoz, aseguró a este periódico que "el Gobierno tiene intención de presentar una proposición que contemple a las parejas de hecho", pero no aclaró cuando, ni si será el mismo proyecto aparcado en la legislatura anterior. El programa electoral del PP no hizo mención a la homosexualidad. Según Muñoz. "Lo que tenía que llevar no era tanto especificar más medidas para un colectivo como una propuesta común en el marco de los derechos y las libertades".

En su opinión, es una "visión extremista y trasnochada" pensar que el PP no ha entendido al colectivo homosexual. "Entendemos perfectamente sus reivindicaciones y de hecho tenemos concejales y cargos electos que han salido públicamente declarando su homosexualidad. Hay muchos votantes del PP homosexuales y que lo primero que quieren es calidad de vida y empleo. Por eso nos votan. Estoy segura de que en la manifestación del sábado habrá muchas personas homosexuales identificadas con el PP", declaraba Muñoz la víspera de la concentración.

Ampliación de la lectura

En los últimos años ha cambiado la actitud de los españoles hacia la homosexualidad. También han variado las reivindicaciones de las asociaciones de lesbianas y de homosexuales. En 1997 éstos pedían una ley de parejas y en el 2000 demandan la plena equiparación de derechos, incluido el de casarse. Uno de sus portavoces declara "la ley de parejas de hecho sirve para los heterosexuales que no quieren casarse o que no pueden hacerlo porque están pendientes de los papeles del divorcio. Nosotros lo que queremos es el matrimonio... y vamos a seguir trabajando por la plena igualdad de las parejas del mismo sexo que no pasa por otra legislación que reconocer el derecho al matrimonio homosexual".

—*Menos del 25% de las relaciones inscritas son de homosexuales.*
Emilio de Benito, Madrid, 18 septiembre 2000

La secretaria general de Asuntos Sociales declaró que la medida aprobada por el Parlamento navarro que permite la adopción de niños por parte de parejas homosexuales es una "decisión arriesgada". Sin embargo, el magistrado del Tribunal Supremo dijo ayer que esta ley está correctamente legislada y atiende una demanda social y reconoció el derecho de Comunidad de Navarra para legislar en este asunto. El presidente navarro, contrario a la ley, afirmó que esta ley sitúa "en un plano de desigualdad a las parejas de derecho respecto de las de hecho". Tampoco está de acuerdo con la ley el obispo de Mondoñedo-Ferrol quien señala que no le

parece "normal que habiendo tantos matrimonios normales, correctos y naturales, se le entreguen niños a este tipo de parejas".
—*El Gobierno cree "arriesgado" permitir que los homosexuales adopten niños.*
Emilio de Benito, Madrid, 24 junio 2000

El debate sobre la adopción de niños ignora el hecho de que los gays y lesbianas ya tienen hijos. Según un estudio canadiense aproximadamente el 35% de las lesbianas y un 10% de los gays tienen hijos. Los números en Francia son algo inferiores (un 7% de los gays y un 11% de las lesbianas). En Alemania hay un millón de homosexuales padres y madres. En EE.UU. se calcula que hay 14 millones de niños viviendo en hogares homosexuales. En España no hay cifras oficiales, aunque por comparación, podría haber unos 500.000. La mayor proporción de mujeres homosexuales que tienen hijos es fácil de explicar pues los hijos pueden ser de una relación heterosexual, de la inseminación artificial o de la adopción. La ley española prohibe —con la excepción de Navarra— que las parejas homosexuales adopten, pero no que un gay o una lesbiana lo hagan en solitario.
—*Más del 10% de los homosexuales tiene hijos, según un estudio.*
Emilio de Benito, Madrid, 25 septiembre 2000

La Junta de Andalucía quiere incluir en los programas de acogimiento temporal de menores a las parejas homosexuales. Esta iniciativa se incluirá en la ley andaluza de parejas de hecho que se debatirá este año ante el parlamento autonómico y pretende que todas las parejas de hecho, incluidas las del mismo sexo puedan acoger niños de forma temporal.
—*Andalucía quiere que las parejas homosexuales acojan menores.*
El País, Sevilla, 3 octubre 2000

Navarra es la primera comunidad española que reconoce el derecho a la adopción de niños por parejas estables de homosexuales. Así las parejas estables de hecho, incluidas las homosexuales, inscritas en Navarra se igualan a los matrimonios convencionales. Se entiende como pareja estable a la unión libre y pública, en una relación de afectividad similar a la marital, con independencia de la orientación sexual. Valencia, Castilla-La Mancha y Baleares permiten sólo la acogida (no la adopción) por parte de uniones homosexuales.
—*Navarra permite por primera vez en España adoptar niños a las parejas homosexuales.*
Mikez Muez, Pamplona, 23 junio 2000

El PSOE y el BNG presentaron ayer al Congreso de los Diputados sendas proposiciones de ley para modificar el Código Civil en materia de matrimonio, con las que se legalizarían las uniones de personas del mismo sexo. El PSOE incide en que las parejas homosexuales aún siguen discriminadas, ya que están privadas de su derecho de contraer matrimonio e institucionalizar una familia. El PP se opone. El matrimonio es ahora la reclamación de los homosexuales. Lo de las parejas de hecho ha quedado superado.

—*El PSOE, IU y el BNG piden el matrimonio para "gays" y lesbianas.*
Emilio de Benito, Madrid, 19 abril 2001

El Ministerio de Justicia ha resuelto por primera vez que una persona nacida varón, cuyo sexo de nacimiento ha sido rectificado judicialmente por el de mujer, pueda contraer matrimonio con un hombre. El origen de esta resolución fue la autorización para contraer matrimonio realizada en 1999 por un marroquí, Loukili, de 26 años y una española, Ariadna, de 34 años. Esta última aportó una certificación de nacimiento en la que figuraba inscrita como Antonio, de sexo varón, rectificado por una inscripción marginal de un juzgado civil de Madrid, según la cual el sexo del inscrito no es el de varón, sino el de mujer, y el nombre propio es el de Ariadna y no el de Antonio. El juez informó a Loukili que Ariadna fue en su día del sexo masculino. Loukili manifestó conocer perfectamente ese extremo y confirmó su voluntad de contraer matrimonio con la actual Ariadna, siendo consciente de las limitaciones que del matrimonio pudieran derivarse. El fiscal se opuso al matrimonio solicitado según el cual el reconocimiento del cambio de sexo no da justificación legal al matrimonio entre varón y transexual, pues el derecho fundamental del hombre y la mujer a contraer matrimonio queda limitado a personas de distinto sexo biológico.

La resolución judicial recordó que no existe en el ordenamiento jurídico nada que prohíba el matrimonio y que incluso la falta de procreación no tendría demasiada trascendencia, ya que el Código Civil no circunscribe el matrimonio estrictamente al sexo biológico y la procreación no es la finalidad esencial del matrimonio, sino uno de los fines subjetivos del mismo. La resolución asegura que no hay realmente obstáculos legales que impidan al transexual contraer matrimonio con persona perteneciente en realidad a otro sexo, aunque coincidan los sexos biológicos invariables de ambos contrayentes. Al haberse ordenado el cambio de sexo por "sentencia judicial hay que estimar", razona el

juez, "que este cambio se ha producido a todos los efectos", ya que, de lo contrario, "sería dejar las cosas a medio camino, creando un tercer sexo".
—*Justicia autoriza por primera vez el matrimonio de una transexual.*
Bonifacio de la Cuadra, Madrid, 7 marzo 2000

Los transexuales están cada vez más cerca de tener los mismos derechos que el resto de los ciudadanos. El Senado empieza a debatir una ley que regulará en España la legalidad de la transexualidad, desde el cambio de nombre y sexo en el Registro Civil hasta el derecho al matrimonio y la adopción. La iniciativa apunta a dar una solución definitiva a los cerca de 5.000 transexuales que hoy viven en España y que padecen diversas situaciones de discriminación.
—*El Senado inicia el debate sobre los derechos de los transexuales.*
El País, Madrid, 8 marzo 2001

Un 65% de españoles cree que se debería permitir el matrimonio entre homosexuales, y un 25% está en contra, según datos facilitados por El Pulsómetro, del programa Hoy por Hoy de la Cadena SER. En relación a la adopción de niños, el 47S% de los encuestados apoya que ese derecho sea concedido a las parejas de homosexuales. Un 40% se opone.
En cuanto a las parejas de hecho, un 75% opina que deben gozar de iguales derechos que los matrimonios, mientras que un 17% lo rechaza. El 59% piensa que el PP debería incluir a las parejas de hecho en su plan de apoyo a la familia. Un 19% se muestra contrario.
—*Una encuesta revela que un 65% de españoles apoya las bodas homosexuales.*
El País, Madrid, 29 mayo 2001

Vocabulario

acogimiento temporal de menores	foster care
aconfesional	nonreligious
ámbito	area; field
aparcado	parked
apoyo mayoritario	majority support
asunto	matter; subject
ayuntamiento	town hall

BNG (Bloque Nacionalista Gallego)	Galician Nationalist Bloc
(en) carne propia	in the flesh; in real life
concejal	councilman
dar el salto	to make the jump
desorden	disorder
discurso	speech
en torno	round; about
entorno	surroundings
envalentonamiento	encouragement
espejismo	mirage
ex abad	former abbot
hoy por hoy	nowadays
inscrito	registered person
IU (Izquierda Unida)	United Left
jerarquía	hierarchy
juzgado civil	civil court
logro	achievement
manifestación	demonstration
marco	framework
Opus Dei	a right-wing Roman Catholic religious organization
pareja de hecho	common-law marriage
pensión de viudedad	widow's pension
plena equiparación	full equality
portavoz	spokesperson
postura	position
PP (Partida Popular)	People's Party
propuesta	proposal
PSOE (Partido Socialista Obrero Español)	Spanish Socialist Worker's Party
pulsar	to sound out; to explore
(en) réplica	in response
reivindicación	grievance; claim
senda	path
tajante	emphatic; cutting
topar	to come up against
trasnochada	obsolete; stale
víspera	evening before; on the verge

Preguntas sobre la lectura

1. ¿Qué dudas se mencionan que tienen los "gays" y lesbianas?
2. ¿Cuál es su principal objetivo?
3. ¿Cómo se percibe la homosexualidad en los demás?
4. ¿Cómo responde el ciudadano a la idea de tener alguien homosexual en su familia?
5. ¿Qué explica el sociólogo Gil Calvo?
6. ¿Cuál es la postura del PP al respeto?
7. ¿Qué señala Zerolo?
8. ¿Qué demanda Zerolo y los homosexuales?
9. ¿Qué piensa el obispo Francisco Gil?
10. ¿Cuál es la postura del gobierno actual?
11. ¿Qué piensa el gobierno de la ley de Navarra sobre la homosexualidad?
12. ¿Cuáles son las reivindicaciones actuales de los homosexuales?
13. ¿Cómo está la situación de la adopción por homosexuales?
14. ¿Cuál es la postura de la junta de Andalucía? ¿Y de otras comunidades españolas?
15. ¿Qué apoya el PSOE?
16. ¿Cómo está la situación de los transexuales?

Más allá de la lectura

1. ¿La homosexualidad es heredada o aprendida?
2. ¿Hay pros y contras del lenguaje políticamente correcto? ¿Y del comportamiento políticamente correcto?
3. ¿Respeto equivale a igualdad ante las leyes?
4. ¿Debe ser la homosexualidad tan respetable como la heterosexualidad?
5. ¿Debe haber límites legales a los comportamientos sexuales? ¿Qué límites y a qué comportamientos?
6. ¿"Toleramos en los otros pero no en nosotros". Explica.
7. ¿"Los homosexuales necesitan comprensión pero no justificación". Explica.
8. ¿Las parejas homosexuales deben poder adoptar?

14

El CES denuncia que las mujeres disponen de menos protección social que los hombres

Un estudio del Consejo Económico y Social constata la existencia de "discriminación indirecta"

Miguel Bayón, Madrid, 27 julio 2000

Más que discriminación, las españolas sufren en su situación laboral una protección social inferior a la de los hombres. Cien veces más mujeres que hombres realizan tareas exclusivamente domésticas; al tiempo en casa y fuera, trabajan cinco veces más mujeres, y exclusivamente fuera de casa, cuatro veces menos mujeres que hombres. Así lo establece el Informe sobre protección social de las mujeres, aprobado ayer por el Consejo Económico y Social (CES). El estudio considera que el sistema de protección no se ha adaptado aún a la incorporación masiva de mujeres al trabajo.

El informe señala que la Seguridad Social debe adaptarse a los cambios producidos por el masivo acceso de mujeres al mundo del trabajo, ya que el desfase existente genera "discriminaciones indirectas". En esta línea, el estudio recuerda que desde 1980 el número de empleados varones (86 millones) no ha variado en la Unión Europea; pero las mujeres trabajadoras han pasado de 46 a 61 millones.

El CES denuncia que las mujeres disponen de menos protección social

En España trabajan 4.893.000 mujeres (28,8% de la población femenina), de las que 2.938.000 compaginan su empleo con las tareas domésticas (hombres en esta última situación sólo hay 664.500). Mujeres que sólo desarrollan tareas domésticas suman 5.323.400 (31%), frente a 43.000 hombres (0,4%).

"En España ya hay claramente dos tipos de mujeres", dice la consejera de UGT y ponente del informe, Almudena Fontecha. "Las que no tuvieron posibilidad de trabajar fuera del hogar y, por tanto, están ahora en situación desfavorable en cuanto a la Seguridad Social, y las que han venido después, para las que trabajar fuera es algo normal y cuyo número va a aumentar en mujeres en los próximos años. Se da la paradoja de que estas mujeres son consideradas por la ley iguales a todos los efectos que los hombres, pero acceden a menor protección por su condición femenina. Hay períodos de su vida en que se ausentan de la actividad laboral, y eso tiene consecuencias negativas a la hora de cotizar".

Maternidad

Fontecha pone un ejemplo relacionado con la maternidad: "Una mujer puede ahora, si quiere, estar más tiempo con su bebé, pero ese derecho se traduce en que se verá perjudicada en otro derecho, el de tener una protección social igual a la del hombre: su salario y cotizaciones se verán mermados".

La responsabilidad familiar de la mujer, indica el informe, supone de hecho un obstáculo para la integración laboral, lo que explicaría en algún sentido la caída de la tasa de natalidad. En los seis primeros meses de 1999 hubo 100 veces menos permisos de maternidad para hombres (400) que para mujeres (36.800).

La incorporación de las mujeres al trabajo es irreversible, pero el informe advierte de que ese hecho convive con la "pervivencia" de los papeles tradicionales de hombres y mujeres, y que ellas siguen asumiendo las responsabilidades en la familia.

El importe medio de las pensiones, al 1 de enero de 1999, era de casi 74.000 pesetas mensuales. El 51% de las pensiones correspondía a hombres y el 49% a mujeres. La pensión media de los varones era de 91.000 pesetas, y la de las mujeres, de 55.000. Y hay diferencias entre las distintas clases de pensión. Entre los hombres, la pensión de jubilación representa un 78%; la de incapacidad permanente, un 15%, y la de viudedad, un 4%. Entre las mujeres, la de jubilación representa un 40%; la de viudedad, un 49%, y las de incapacidad permanente, un 7%.

Un fenómeno nuevo es el de las familias monoparentales, unas 300.000, "el 87% de las cuales deberían llamarse monomarentales, porque quien las lleva a solas es una mujer, en el 65% de los casos menor de 45 años", dice Fontecha. Un alto porcentaje de ellas trabaja, pero el paro les afecta el doble que a los varones que encabezan ese tipo de hogares. Las familias *monomarentales* son uno de los sectores característicos de la *feminización de la pobreza*, junto con las jubiladas o pensionistas que viven solas.

Algo tan asumido como la baja laboral presenta algunas diferencias para hombres y mujeres. Según el Régimen Especial de Empleadas de Hogar, único donde las mujeres son mayoría, no se puede recibir prestación económica por incapacidad temporal hasta haber faltado por esa causa 29 días al trabajo.

Salud laboral

Por otra parte, en cuanto a las enfermedades profesionales, el informe indica que el propio concepto de esas patologías se vincula en la legislación española a una "lista cerrada", para acceder a la cual existe un procedimiento "lo bastante complejo como para apreciar diferencias que afecten más a uno u otro sexo". El informe cita, como ejemplo de incorporación reciente, el *síndrome de Ardystil*, que afectó mayoritariamente a mujeres del sector textil. "En general", concluye el informe, "la situación de las mujeres respecto a la salud laboral, en general, y de los sectores y profesiones más feminizados, en particular —con sus subsiguientes consecuencias en el ámbito de las prestaciones de incapacidad—, constituyen un campo de estudio apenas abordado".

La protección contra el desempleo no ofrece, en su regulación legal, ninguna disposición de la que quepa inferir un "trato diferenciado en razón del sexo", dice el informe. Pero aporta ciertas señales de alerta. Por ejemplo, una embarazada que esté en paro y tenga derecho a subsidio, si antes del parto se le acaba la prestación contributiva de desempleo, no puede cobrar el subsidio hasta que deje de estar encinta.

También hay discriminación en el subsidio especial de mayores de 52 años —puente hasta la jubilación contributiva—. Esta percepción la cobran, en su mayoría, hombres, ya que para disfrutarlo se requieren 15 años de cotización. Esto supone una menor probabilidad para las mujeres de acceder a ese subsidio, por tener una trayectoria laboral más corta, por las interrupciones en la vida profesional y por el trabajo a tiempo parcial.

El CES, creado en 1991, es un organismo consultivo del Gobierno que agrupa a sindicatos, patronal, consumidores y expertos. El estudio fue iniciado hace dos años y medio por el CES. Ayer fue aprobado sin votos en contra.

Ampliación de la lectura

El ministro de Trabajo y Asuntos Sociales reconoce la injusta situación actual de la mujer en el mercado laboral español. La tasa de desempleo femenina dobla a la masculina y la mujer cobra de media un 22% menos.

—*Miles de mujeres se manifiestan en España por la igualdad laboral.*
El País, Madrid, 9 marzo 2000

El informe del CES (Consejo Económico y Social) considera que los problemas de empleo en España son los más graves de la

Unión Europea. Ello se debe a la baja tasa de ocupación y al alto índice de paro, especialmente entre las mujeres.
—*El CES cree que la situación del empleo en España es la peor de la UE.*
El País, Madrid, 11 mayo 2001

El porcentaje de precariedad laboral en España (32%) es casi tres veces el de la Unión Europea (12%). Un 70% de los trabajadores españoles menores de 30 años trabajan bajo contrato temporal y ocupan siete de cada diez de estos contratos temporales. Los trabajadores con contrato eventual sufren tres de cada cuatro accidentes laborales. Un 40% de los jóvenes está desempleado, frente a un índice de paro general del 13,7%.

Los jóvenes son los más formados y al mismo tiempo los que más sufren la falta de oportunidades. Como consecuencia continuarán los actos informativos, las manifestaciones universitarias, las movilizaciones y los conflictos en las principales ciudades españolas si la situación de estos jóvenes no incluye reformas salariales.
—*El 70% de los jóvenes tiene contrato eventual.*
Carmen Parra, Madrid, 9 febrero 2001

El paro aumentó en 64.317 personas (4,13%) durante enero pasado. Supone el peor dato en ese mes desde 1987. La tasa de paro es del 9,56%. El número total de desempleados era de 1.620.699 personas. El desempleo masculino sube en 21.032 parados (3,3%) y se sitúa en un total de 646.766, y el femenino aumenta en 43.285 desempleadas (4,6%), un total de 973.933. Para los hombres es el 6,37% y para las mujeres en el 14,32%.
—*El paro sube en 64.317 personas, el peor dato en enero desde 1987.*
Carmen Parra, Madrid, 3 febrero 2001

El paro entre los graduados universitarios españoles es del 15% a los cuatro años de acabar la universidad. Tres veces superior que el de los titulados en otros países europeos. Tardan un año de media en lograr su primer empleo (seis meses en otros países).

El 27% deben sus trabajos a conocidos (15% en otros países). Son los que más utilizan sus contactos personales para encontrar empleo y los que peor valoran la formación que recibieron en la universidad.

Los universitarios españoles son más críticos que en otros países. Más del 25% de los titulados piensa que para hacer su trabajo le bastaría un título universitario inferior o ninguno. Uno de cada diez españoles no volvería a la universidad. Lo que más valoran de la universidad es el contacto con sus compañeros y la oportunidad de contactar con los profesores. En cuanto a la competencia profesional los españoles tienen un concepto de sí mismos tan elevados o superiores al resto de los europeos.

—*El paro entre los licenciados españoles es tres veces superior al europeo.*
Juan J. Gómez, Madrid, 27 noviembre 2000

Las españolas nacidas ahora en España tienen la mayor esperanza de vida de Europa (82,7 años). Los españoles, con 75,5 años, son los séptimos de Europa en esperanza de vida. Un 16,9% de los españoles tienen más de 65 años. El país con más personas mayores de 65 años es Italia (18,2%).

—*Las mujeres españolas tienen la mayor esperanza de vida en Europa con 82,7 años.*
Miguel Bayón, Madrid, 7 diciembre 2001

Vocabulario

abordado	undertaken
acceder	to have access to
actual	current
ausentarse de la actividad laboral	to withdraw from the labor market
baja laboral	unemployment; layoff
compaginar	to combine
consejo	counsel
constatar	to confirm
cotizar	to pay
desfase	imbalance
disponer de	to have at one's disposal
encinta	pregnant
jubilada	female retiree
mermado	worn away
monoparental	single-parent
patronal	management
perjudicado	endangered
pervivencia	perserverence
prestación económica	social security benefits
(de la que) quepa inferir (caber)	from which one could infer
síndrome de Ardystil	diffuse interstitial pneumonia, a respiratory ailment

Preguntas sobre la lectura

1. ¿En qué trabajan más mujeres que hombres? ¿Y más hombres que mujeres?
2. ¿Qué tipos de trabajos suelen ofrecer poca protección social?
3. ¿Cómo ha cambiado la participación de las mujeres en el mundo laboral desde 1980?
4. Explique cómo afecta tener un hijo a la actividad laboral de los hombres y de las mujeres y cómo la paternidad y la maternidad afectan a los salarios de los hombres y las mujeres.
5. ¿Quiénes ganan más en la jubilación y por qué?
6. ¿Por qué hay más mujeres pobres que hombres pobres?
7. Explique cómo las regulaciones sobre el desempleo discriminan contra las mujeres embarazadas.
8. ¿Por qué hay menos mujeres que hombres que reciben el subsidio especial?

Más allá de la lectura

1. ¿Hay una solución a la desigualdad social entre hombres y mujeres?
2. ¿Habrá cambios sociales con la igualdad entre hombres y mujeres? Explique.
3. ¿Hay ventajas y desventajas de la igualdad y desigualdad?
4. ¿Hay discriminación por género en EE.UU.? ¿Cómo es?
5. Compare la actividad laboral de la mujer española y la de EE.UU.
6. ¿Qué diferencias hay entre jubilados y jubiladas en EE.UU.?

15

Las mujeres ganan en España un 26% menos que los hombres

La población femenina de la UE recibe el 77% de los salarios bajos

Miguel Bayón, Madrid, 8 agosto 2000

Las trabajadoras españolas ganan un 26% menos que los hombres, dos puntos por debajo de la media de la UE, pero aún lejos de países como Dinamarca (22%). Así lo sostiene el informe *Los bajos salarios en los países de la UE*, elaborado por Eurostat (Oficina Estadística de las Comunidades Europeas), que también revela que el 51% de las empleadas de la UE no ha pasado del segundo grado de la enseñanza (43% en el caso masculino).

"Casi un asalariado de cada siete en la UE tiene un sueldo bajo". Es decir, 16,5 millones de personas, el 15% del conjunto de los trabajadores en los países comunitarios. El estudio subraya que el 77% de esos trabajadores afectados, por una remuneración baja, son mujeres.

El mayor porcentaje de salarios bajos se da en el Reino Unido, con un 21% (es decir, más de uno de cada cinco trabajadores), seguido de Irlanda, con un 18%, y de Alemania y Grecia, con el 17%. España se sitúa en quinta mejor posición con el 13%.

Para ser definido como "bajo", un sueldo debe ser inferior al 60% del salario medio del país o bien derivar de un trabajo a tiempo parcial (menos de 30 horas a la semana). En España el 54% de los salarios bajos se deben al primer caso (menos de 129.762 pesetas, puesto que el salario medio, según datos de junio pasado, está en 216.270 pesetas brutas), frente al 37% europeo.

Un 80% de los empleos a tiempo parcial en la UE están ocupados por mujeres. La mayoría de los sueldos bajos correspondientes a empleos a tiempo parcial se dan en Holanda (65%), Bélgica (63%) y Reino Unido (55%). En España el 32% de los salarios bajos corresponden a tiempo parcial (43% de media europea).

Los bajos salarios también pueden ser producto de la suma de ambos factores, baja remuneración y trabajo a tiempo parcial: un 7% en España, mientras que la media de la UE es el 11% y en Irlanda se llega al 18%.

Alemania es el país con menor diferencia salarial entre hombres y mujeres, sobre todo en el territorio de la extinta República Democrática Alemana, donde el salario femenino supone el 89,9% del masculino. Le siguen Dinamarca (88,1%) y Suecia (87%). España está en un 74%, Portugal en un 71,7%, Países Bajos en un 70,6% y Grecia en un 68%.

"El estudio de Eurostat confirma, prácticamente en los mismos términos, la denuncia de que las mujeres de la Unión Europea ganan un 28% menos que los hombres", señaló ayer Comisiones Obreras.

El sindicato añade que sus datos también coinciden con Eurostat en cuanto al escaso acceso de las mujeres a puestos de responsabilidad. "Un tercio de ellas", dice Comisiones Obreras, "son empleadas administrativas a jornada completa, contra un 10% de los hombres. Además, un 44% de las trabajadoras tienen menos de 30 años, frente a un 32% de los hombres".

Ampliación de la lectura

La mujer se ha incorporado de forma masiva al mundo laboral en los últimos 25 años en todos los sectores y profesiones. Esta elevada subida (las mujeres activas han aumentado en más de 3.000.000), sin embargo no ha eliminado la triple discriminación que sufren. Su paro duplica al de los hombres (mujeres 19,7%, hombres 9,4%). Sufren también de mayor precariedad y salarios más bajos.

De los casi 15.000.000 millones de población activa española, casi 6 millones son mujeres. Hay casi un millón de hombres parados y casi 1.400.000 paradas. En la actualidad hay unos 5.000.000 de mujeres en edad de trabajar que dice que su dedicación es "labores del hogar". Continúa aumentando notablemente la demanda de trabajo por parte de las mujeres.

—*La mujer sufre una triple discriminación:*
más paro, mayor precariedad
y menor salario.
Carmen Parra, Madrid, 8 marzo 2001

La pobreza causa cada vez más víctimas entre las mujeres, aunque se trata aún de una pobreza moderada. Un 15% de la población pobre (1,2 millones de españoles) residen en hogares encabezados por una mujer. En el 96% de estos casos, las mujeres viven sin compañero: son viudas (un 62%), separadas, divorciadas o solteras. Un 42% de esos hogares dependen de mujeres entre los 35 y 44 años. El 57% de los hogares cuya cabeza de familia es una mujer se concentra en poblaciones urbanas o semiurbanas. Muchas de estas mujeres reciben precarias pensiones, sean de viudedad o de jubilación inferiores al salario mínimo interprofesional (70.655 pesetas al mes).

Tener trabajo no garantiza a las jóvenes estar a salvo de la pobreza porque, al contrario de las mayores, no dependen del sistema de protección social, sino del mercado laboral que tan pronto las admite como las rechaza. De hecho, la pobreza afecta a un 21% de las mujeres pobres que son activas laboralmente, y al 11% de las inactivas. Trabajar no vacuna contra la miseria a las mujeres jóvenes pobres que encabezan un hogar. Por su precariedad laboral cotizan de manera irregular, y su protección social es incluso peor que la de las mujeres mayores inactivas.

—*La precariedad laboral agrava la miseria femenina, según Cáritas.*
Miguel Bayón, Madrid, 5 abril 2000

Según la conclusión de un estudio del Instituto de la Mujer el desempleo se ha convertido en un problema de mujeres. En 23 de las 52 provincias hay tasas de paro masculinas inferiores al 4%. Sin embargo, el número de mujeres en paro dobla al de los hombres: 22,4% frente a 10,8%. Este porcentaje se da también en los menores de 25 años, edad en que la mujer tiene cualificaciones similares o incluso superiores a las de los hombres.

La mujer se lleva la peor parte, el sueldo medio del hombre es alrededor de las 260.000 pesetas y el de la mujer de 200.000. Las mujeres desempleadas son las que presentan la tasa de natalidad más baja (0,85). El 53.1% de los alumnos universitarios son mujeres. El 58.7 de los alumnos que terminan sus estudios son mujeres, lo cual indica que están igual o mejor preparadas que ellos.

—*El paro empieza a ser sólo de mujeres.*
Luis Gómez, Madrid, 30 julio 2000

Un 59% de los graduados universitarios en los últimos años son mujeres. Actualmente la mitad de los universitarios estudia una licenciatura, el 21% una diplomatura, el 10% una ingeniería. El 94,5 estudia en las 47 universidades públicas y un 5,5% en las 15 universidades privadas. Han aumentado los estudiantes universitarios matriculados en universidades donde no se asiste a clase. Tal es el caso de la Universidad Nacional de Educación a Distan-

cia (134.542 alumnos) y en la Universidad Oberta de Cataluña (3.079) que imparte sus clases por Internet.
—*Seis de cada 10 graduados en España son mujeres.*
Juan J. Gómez, Madrid, 29 noviembre 1999

Vocabulario

asalariado	wage earner
diplomatura	associate degree
índice de paro	unemployment rate
ingeniería	engineering degree
licenciatura	bachelor's degree
matriculado	enrolled
parado	unemployed
salario mínimo interprofesional	minimum wage
vacunar	(in context) to protect

Preguntas sobre la lectura

1. ¿Qué relación hay entre el salario de los hombres y de las mujeres?
2. ¿Qué trabajadores están más afectados por una remuneración baja?
3. ¿Qué índices presenta España con respecto a otros países europeos?
4. ¿Qué país europeo tiene el mejor record de igualdad de salarios?
5. ¿Cuál es "la triple discriminación" de la mujer?
6. ¿A quiénes protegen las garantías sociales?
7. ¿Qué pasa con las mujeres con cualificaciones similares o superiores a las de los hombres?
8. ¿Qué porcentaje de estudiantes universitarios son mujeres?

Más allá de la lectura

1. ¿Cómo se podría describir la situación económica de su comunidad?
2. ¿Quiénes son los trabajadores peor remunerados?
3. ¿Qué garantías de protección social tienen los jubilados en EE.UU. en comparación a España?
4. ¿Existe la triple discriminación de la mujer en EE.UU.? ¿Dónde se nota?
5. Describa la situación de diversidad en su universidad. ¿Cuántas mujeres y "personas de color" estudian ingeniería y ciencias exactas?
6. ¿Qué expectativas tienen los jóvenes en EE.UU. para su futuro?
7. ¿Cómo se comparan con las dificultades de los jóvenes españoles?

16

Cuatro propuestas de la oposición reabren el debate parlamentario sobre parejas de hecho

El PP anuncia que votará en contra y que defenderá "por coherencia" el contrato de unión civil

Emilio de Benito, Madrid, 18 septiembre 2000

El Congreso debatirá mañana si acepta a trámite las proposiciones de ley para regular las parejas de hecho que presentarán PSOE, CiU, IU e Iniciativa per Catalunya (IC), del Grupo Mixto. Las cuatro propuestas tienen en común la equiparación legal de esas parejas, incluidas las homosexuales, con los matrimonios. Sólo discrepan acerca del derecho a la adopción (IU e IC lo incluyen, PSOE está dispuesto a hacerlo y CiU se opone) y el matrimonio (CiU está en contra). El PP, con mayoría absoluta, ha anunciado que "por coherencia" mantendrá su propio proyecto de Ley de Contrato de Unión Civil.

El proyecto del PP, presentado en la legislatura pasada, es similar al aprobado en Francia, y no reconoce el vínculo afectivo entre los miembros de la pareja. Por eso, sus detractores dicen que vale igual para una pareja de enamorados que para una de guardias civiles que compartan piso. Otra de las críticas que ha recibido es que su presentación fue un acto de "filibusterismo (piratería) parlamentario destinado a evitar el debate de los otros proyectos, mucho más progresistas", en palabras de Pedro Zerolo, presidente de la Federación Estatal de Lesbianas y Gays.

Rosa Estarás, portavoz del Grupo Parlamentario Popular, lo defiende argumentando que está inspirado "en el espíritu de la no discriminación y la igualdad jurídica que marca Europa", cuyo Parlamento resolvió el 8 de febrero de 1994 que todos los ciudadanos y ciudadanas tienen derecho a un trato idéntico con independencia de su orientación sexual, e instó a los Estados miembros a que pusieran fin al trato desigual que sufren los homosexuales. Pero desde entonces, sólo Dinamarca (en 1988) y Holanda (la semana pasada) han legalizado el matrimonio entre homosexuales. El Gobierno francés aprobó este año su Ley de Contrato Civil, una regulación parecida a la que propone el PP.

Matrimonio y adopción

El Parlamento español ratificó la proposición del de Estrasburgo al año siguiente, pero desde entonces sólo dos comunidades autónomas, Cataluña y Aragón, han aprobado leyes sobre parejas de hecho (una situación en la que se encuentran tanto las parejas de homosexuales, que no pueden regularizar su unión mediante el matrimonio, como las heterosexuales que no han querido o podido hacerlo). Navarra ha aceptado este año la adopción por parejas homosexuales, y numerosos pueblos, ciudades y comunidades, como Granada, Vitoria o Madrid, han creado registros de parejas de hecho. Otras leyes, como la de arrendamientos, también han incorporado la figura del conviviente a su articulado.

El problema es que todas estas iniciativas dispersas no tienen un marco general que iguale los derechos y obligaciones, y que la falta de competencias hace que muchas de estas iniciativas sean sólo testimoniales: no pueden conferir derechos sucesorios, fiscales, o de nacionalidad, por ejemplo.

Durante la pasada legislatura, todos los grupos parlamentarios presentaron propuestas para regularizar las parejas de hecho, pero el debate quedó estancado en la Comisión cuando el PP presentó su proyecto de Contrato de Unión Civil. Este año, el Congreso reabre el asunto con la discusión, mañana, de sí admite a trámite las propuestas de PSOE, IU, CiU e Iniciativa per Catalunya. Éstas son algunas características de sus proposiciones.

- Iniciativa per Catalunya e IU. Ambos grupos retoman la proposición que elaboraron conjuntamente la legislatura pasada. Con diferencias de forma, pero no de fondo, las dos agrupaciones políticas abogan por que se incluyan entre los derechos de las parejas de hecho, independientemente de su sexo, la adopción y la equiparación a efectos tributarios (poder hacer declaración de la renta conjunta) y sucesorios (que un componente de la pareja sea el heredero natural del otro aunque éste no haya hecho testamento).

En el caso de la adopción, la propuesta de IC señala que al menos uno de los miembros de la pareja adoptante —"con independencia de su orientación sexual"— debe tener más de 25 años, y 14 más que el adoptado.

Según el diputado Joan Saura, que defenderá la proposición, piensan pedir también el derecho al matrimonio para los homosexuales, porque "lo que hay en juego es que el PP intenta decir que sólo hay un modelo familiar. Hay que reconocer que hay distintos modelos familiares, y no se puede defender sólo uno".

- PSOE. Los socialistas también van a retomar la propuesta que realizaron en la anterior legislatura, aunque podrían modificarla. "La gente ha evolucionado mucho en muy poco tiempo", señala la ponente, Cristina Alberdi. "La Constitución dice que debe protegerse a la familia, pero no que sólo exista un modelo familiar", dice.

Respecto al derecho a la adopción y al matrimonio, que el texto de los socialistas no incluye, Alberdi recalca: "Hemos evolucionado a favor de la adopción. Aunque no lo llevamos en el texto, se podría incorporar. No es que estemos en contra". Y aporta un dato del Centro de Investigaciones Sociológicas: en poco tiempo, la proporción de españoles partidarios de que los homosexuales puedan adoptar ha aumentado hasta el 37%.

Sobre el matrimonio, la diputada socialista se muestra tajante: "Lo hemos aprobado en nuestro 35º Congreso, por lo que habrá que desarrollar una iniciativa, que podrá ser en éste o en otro trámite parlamentario".

Otro aspecto en el que, según la ex ministra de Asuntos Sociales, los socialistas han evolucionado es en ampliar la cobertura de la Seguridad Social y en igualar a las parejas de hecho el tratamiento fiscal de los matrimonios. "Reconocemos que es fundamentalmente un problema económico, y por eso no lo abordó el Gobierno socialista, pero habrá que hacerlo, porque más de un 57% de la población está a favor", declaró.

- CiU. El objetivo de su proposición no de ley es "dar reconocimiento legal a una realidad social", en palabras de Mercé Pigem, que será su ponente. Se trata de la propuesta más limitada, ya que consiste en una "traslación de la ley catalana" de 1999, según explica la diputada.

La propuesta deja claro, en un primer punto, a quiénes se refiere: "Unión estable entre un hombre y una mujer que hayan convivido maritalmente como mínimo durante un periodo ininterrumpido de dos años", y las "uniones estables de parejas formadas por personas del mismo sexo que convivan maritalmente", si son mayores de edad, no están casados, no tienen otra pareja de hecho registrada, y no son parientes en línea directa o colateral de segundo grado.

La legislación aprobada por la Generalitat no incluía, "por falta de competencias", los dos aspectos más conflictivos, el derecho a la adopción y el matrimonio entre personas del mismo sexo. Por eso, "y porque son temas en los que el debate social todavía no ha terminado", tampoco los recoge la propuesta de CiU.

Ampliación de la lectura

Los homosexuales son los más destacados de la lucha por la promulgación de una ley de parejas de hecho pero no los que más se apuntan en los registros. Así, por ejemplo, más del 75% de las parejas inscritas están compuestas por un hombre y una mujer. Las inscripciones permitirán beneficiarse de las ventajas sociales que las empresas ofrecen, pero al no existir una ley de parejas de hecho todavía no hay derecho al cobro de pensiones por viudedad, ni de herencias, ni ofrece beneficios fiscales.

*—Menos del 25% de las relaciones
inscritas son de homosexuales.*
Emilio de Benito, Madrid, 18 septiembre 2000

A pesar de no existir una ley nacional, ciertas comunidades autónomas, ayuntamientos y algunas empresas reconocen derechos a las parejas de hecho. Así, las partes de estas uniones tienen derechos diferentes dependiendo de donde vivan o donde trabajen. A falta de ley, diez comunidades y más de 200 poblaciones han abierto registros de parejas. También numerosos organismos oficiales y grandes empresas equiparán dichas uniones con los matrimonios para conceder traslados o permisos. Los que trabajan en una gran empresa podrán disfrutar al registrarse de los 15 días de permiso que se concede a quienes se casan. La única comunidad que permite la adopción por parejas homosexuales es Navarra. Y aquí empieza lo polémico de estas uniones y de quienes tienen derecho a ellas. El proyecto de ley del PP de 1997 estaba destinado a quienes quisieran formalizar una unión civil por medio de un contrato, la cual era una definición asexuada que no reconoce la afectividad de las parejas de hecho ni de las homosexuales.

*—Siete comunidades autónomas
preparan leyes para regular
las parejas de hecho.*
Emilio de Benito, Madrid, 25 septiembre 2000

El proyecto de ley de contrato de unión civil que propone el Partido Popular es para los que quieran formalizar una unión civil por medio de un contrato registrado ante notario; es un contrato entre dos personas físicas mayores de edad que acuerdan convivir y prestarse ayuda mutua. Las partes podrán representarse legalmente y cobrar pensiones de viudedad u otros beneficios pero no heredar sin testamento previo, ni adoptar.

—El PP insiste en legislar las
relaciones por contrato.
Emilio de Benito, Madrid, 25 septiembre 2000

Los diputados populares de las Cortes Valencianas sacarán adelante una ley de parejas de hecho que la Iglesia critica con dureza. La iglesia ha pedido a los diputados católicos que voten en contra de la ley que iguala los derechos de las parejas homosexuales con los de los matrimonios en la Administración valenciana. Una de las principales asociaciones de homosexuales estudia llevar al obispo de Castellón a los tribunales por homofobia, pues lo acusan de estar al margen de la Constitución por negar la igualdad de los homosexuales ante la ley.

—La normativa valenciana de
parejas de hecho enfrenta
al PP con los obispos.
Jaime Prats, Valencia, 28 marzo 2001

Los diputados populares de las Cortes Valencianas aprobaron la ley de uniones de hecho, la cual equipará, en el ámbito de la Administración autonómica, los derechos de las parejas homosexuales con los matrimonios. El obispo señaló que es inadmisible que se equipare a las parejas de hecho con los matrimonios porque no son matrimonio ni familia.

—Zaplana saca adelante su
ley de parejas de hecho,
pese al acoso de la Iglesia.
Jaime Prats, Valencia, 29 marzo 2001

En España hay 5,3 matrimonios por cada 1.000 habitantes, prácticamente en la media europea (5,4). El estudio indica que los matrimonios, aunque suben en los países del norte de Europa, han descendido en general. Por el contrario aumentan las parejas de hecho. Menor es el impacto del divorcio: 0,9 españoles de cada 1.000 se divorciaron en 1999. Las rupturas matrimoniales en Europa oscilan entre el 0,5 por 1.000 al 4,3. Un 16,3% de los niños españoles nacen fuera del matrimonio. La media europea es 24,5%.

—Las mujeres españolas tienen
la mayor esperanza de vida
en Europa con 82,7 años.
Miguel Bayón, Madrid, 7 diciembre 2001

Vocabulario

abogar	to advocate
arrendamiento	leaseholding
CiU (Convergència i Unió)	Convergence and Unity political party (of Catalonia)
cobertura	coverage
discrepar	to differ
efectos tributarios	taxes
equiparación	equivalence
estancado	stalled
filibusterismo	filibustering
instar	to urge
IU (Izquierda Unida)	United Left (political party)
marco	framework
pareja de hecho	common-law marriage
ponente	spokesperson for a committee
PP (Partido Popular)	People's Party
PSOE (Partido Socialista Obrero Español)	Spanish Socialist Workers' Party
tajante	cutting; emphatic
testamento	last will
(a) trámite	for processing
traslado	job transfer
vínculo	link

Preguntas sobre la lectura

1. ¿Qué debatirá el gobierno?
2. ¿Cuál es el proyecto del PP?
3. ¿Qué críticas recibe?
4. ¿Qué argumenta el PP para defender su proyecto?
5. ¿Cuál es la situación sobre matrimonio y adopción?
6. ¿Cuál es el problema para una regularización?
7. ¿Cuáles son algunas de las características de las propuestas de IU, PSOE, de CIU?
8. ¿Qué exigen los homosexuales?
9. ¿Se inscriben muchas parejas homosexuales formalmente como parejas de hecho?
10. ¿Cómo está la situación de las parejas de hecho en las comunidades autónomas?

116 España: Lecturas interculturales

11. ¿Cuál es el conflicto en la comunidad Valenciana?
12. ¿Qué reacciones desencadena la acción de las Cortes Valencianas en la Iglesia?

Más allá de la lectura

1. ¿Qúe controversias hay sobre parejas de hecho en este país?
2. ¿Qúe problemas resultarían de extender protección legal a parejas de hecho? ¿Qúe ventajas?
3. ¿Hasta qué punto se debería de tomar en cuenta la posición moralizante de las religiones cristianas en determinaciones legales sobre parejas de hecho?
4. ¿Cómo se comparan los debates en España con lo que Ud. conoce del proceso legislativo en EE.UU.?
5. Compare la función de las comunidades autónomas con las del gobierno local y estatal en EE.UU.

17

Los obispos presionan al Gobierno para que la clase de religión sea evaluable

Rouco expresa a Piqué su "preocupación"

Miguel Bayón, Madrid, 21 octubre 2000

La Iglesia quiere que la religión católica sea asignatura evaluable en la enseñanza pública, y el Gobierno no acaba de concederlo. Ayer los obispos presionaron al Ejecutivo con un simposio sobre los Acuerdos Iglesia-Estado. El presidente episcopal, Antonio María Rouco, dijo: "Lo que más nos preocupa es la enseñanza de la religión", y el ministro de Asuntos Exteriores, Josep Piqué, señaló: "Hay que ver la mejor manera de preservar el acervo cultural".

Obispos y Gobierno andan embarcados en una dilatada negociación sobre el asunto. El pasado día 10, en una reunión, el secretario de los obispos, Juan José Asenjo, insistió en que el Gobierno apruebe un real decreto "cuanto antes, en los próximos meses"; pero el director general de Asuntos Religiosos, Alberto de la Hera, volvió a dar largas.

Ayer, en la inauguración del simposio, en presencia del nuncio, Manuel Monteiro de Castro, hubo más de lo mismo. Rouco y Piqué echaron entrambos un buen puñado de elogios sobre los Acuerdos, que ya pasan de 20 años y que sustituyeron al Concordato firmado en 1953 entre el Vaticano y el régimen franquista. Ministro y cardenal coincidieron en que los Acuerdos han demostrado la "colaboración sana" entre Iglesia y Estado. Rouco los definió como "instrumento jurídico de gran vocación de perduración". Piqué habló de "buenas relaciones" y de que los Acuerdos "nacieron buscando la concordia, y ese espíritu mantiene viva la vigencia". Los dos hicieron como que sobrevolaban el espinoso tema, aunque en los pasillos del simposio había unanimidad en que se estaba allí precisamente por esa "cuestión pendiente", en palabras del arzobispo organizador, Luis Martínez Sistach, presidente de la Junta Episcopal de Asuntos Jurídicos.

Dialécticas

Rouco, tras expresar su "preocupación" por la religión en los centros públicos, contrapesó: "Espero que pueda encontrar su buena y debida solución en el marco de los Acuerdos". Y Piqué, rodeado por los periodistas a la salida, se las ingenió para no pronunciar la palabra asignatura, ni siquiera enseñanza: "Eso es algo que efectivamente, como ha dicho el cardenal Rouco, es de importancia capital para la Iglesia católica, y es perfectamente comprensible. Nosotros debemos ser muy sensibles en ese tema y aspiración. Es algo que estamos tratando en el desarrollo de los acuerdos vigentes". Y concluyó: "Creo que el conocimiento de la religión forma parte de un acervo cultural que se hunde en los siglos y que es extremadamente importante preservar. Lo que hay que hacer es ver la mejor manera de hacerlo, y desde el espíritu de colaboración entre Iglesia y Estado".

Martínez Sistach, a preguntas de los periodistas sobre si un Gobierno del PP no es la oportunidad para lograr una enseñanza de la religión católica, dijo que con los Acuerdos "se intentaba que, como la Constitución, se aplicaran bajo cualquier Gobierno; es una cuestión de negociación y de voluntad política".

José Giménez Martínez de Carvajal, catedrático de Ciencias Políticas y Sociología en la Universidad Complutense de Madrid, tras elogiar el funcionamiento de los Acuerdos (el Básico de 1976 y los de Asuntos Jurídicos, Asuntos Económicos, Enseñanza y Asuntos Culturales y Asistencia Religiosa a las Fuerzas Armadas y el Servicio Militar de Clérigos y Religiosos en 1979), sugirió la existencia de "luces y sombras" y mencionó la importancia "de lo que no se ha hecho" en algunos campos, como "la colaboración en la enseñanza".

Tal panorama le pareció muy "idílico" a Manuel Blanco, catedrático de Derecho Canónico de la Universidad de Murcia: "Esperábamos que el Gobierno del PP diera una solución al problema de la enseñanza, pero pasa el tiempo, y no". "Sé que se está negociando", contestó Giménez Martínez de Carvajal.

Ampliación de la lectura

La Iglesia se siente discriminada por el Estado en la enseñanza y presiona al gobierno para que se legisle una asignatura de religión católica evaluable. La secretaria de la Provincia Eclesiástica de Madrid declara que "estamos ante una discriminación clarísima, ya que la religión no se refleja en el expediente académico en condiciones equiparables a las demás disciplinas fundamentales. De ahí que vaya disminuyendo la opción de los alumnos por la enseñanza de la religión". Los protestantes españoles se oponen a una

asignatura de religión. "Las asignaturas confesionales podrían sustituirse por una enseñanza que abordara la historia y cultura de todas las religiones", dijo Pedro Tarquis, portavoz de la Federación de Entidades Religiosas Evangélicas de España (Ferede).
—*La Iglesia quiere que la religión se equipare a las disciplinas fundamentales en la enseñanza.*
Miguel Bayón, Madrid, 22 octubre 2000

Un millón de españoles practican una religión distinta a la católica (350.000 son protestantes y 400.000 musulmanes). Tras 20 años de libertad religiosa, en España se observa todavía una confesionalidad católica encubierta. El protestantismo, el islamismo y el judaísmo afirman que la ley de libertad religiosa española no se ha desarrollado adecuadamente y está estancada. El estado no es totalmente laico. En España todavía hay financiación pública para la iglesia católica. Ésta recibe dinero del gobierno, vía impuestos, para subvencionar enseñanza de la religión católica en las escuelas, pagar los salarios de profesores, la asistencia católica que hay en los hospitales públicos, el ejército, cárceles y para la conservación del patrimonio eclesiástico. El estado también subvenciona los centros docentes de la iglesia. El pluralismo religioso español donde convivían tres religiones se acaba en el siglo XV con los reyes católicos y todavía perduran sus secuelas. Hoy en día provoca quejas severas y acusaciones de discriminación por parte de las demás religiones.
—*España cumple 20 años de libertad religiosa con críticas de las confesiones minoritarias.*
Juan Bedoya, Madrid, 28 agosto 2000

Los más tolerantes de la Unión Europea con otras religiones son los españoles. Los ciudadanos europeos son por lo general bastante tolerantes con otras religiones. En España sólo el 5,65 expresó su rechazo a credos diferentes y el 92,9 asegura aceptar sin problemas a los de otras religiones. "La postura de los españoles es muy positiva" comentó el portavoz de Observatorio Europeo de Racismo y Xenofobia. "La sólida identidad religiosa de los españoles es un factor favorable para poder aceptar a otras creencias. Cuanto menos se duda de la propia identidad, menos se teme el contacto con otras culturas". En el norte de Europa donde "la gente está desorientada buscando nuevos valores" es donde son más reacios a otras religiones.
—*Los españoles son los más tolerantes de la UE con otras religiones.*
Julieta Rudich, Viena, 29 diciembre 2000

El Obispo de Cartagena manifestó que un católico no debe coger el preservativo que le ofrezcan con motivo del día mundial del SIDA. Según él, la prevención del SIDA a través de condones es "demasiado elemental sencilla y simple porque hiere algunos valores de la dignidad humana". Los avances científicos tienen posibilidades extraordinarias en el cuerpo humano, pero el hombre transciende el límite del cuerpo y pueden ser no éticos al afectar al "núcleo del ser humano, que es la persona" y "hay que llevar cuidado, no sea que en virtud de la ciencia nos carguemos al hombre".

—El obispo de Cartagena pide a los
católicos que no utilicen condones.
Agencias, Murcia, 2 diciembre 1999

El porcentaje medio total de los estudiantes que asisten a clase de religión católica en España es muy alto (81,9%). La clase de religión es de oferta obligatoria para los centros públicos, pero voluntaria para los alumnos, que deben cursar, sin embargo, una asignatura alternativa con diverso contenido y en el mismo horario. Los obispos reclaman que esa alternativa tenga el mismo valor académico que, por ejemplo, las matemáticas. El 81,90% de los alumnos españoles elige religión y moral católica, pero ese porcentaje se distribuye de manera muy desigual según se trate de centros católicos, de colegios públicos o de centros de titularidad civil. El 98,94% de los alumnos de los colegios católicos —2.342 centros en toda España— recibe enseñanza religiosa, pero el panorama en los centros públicos, donde dan clase 13.100 docentes católicos pagados por el Estado, es muy distinto, sobre todo en el Bachillerato y también en la Educación Secundaria. En estos casos, la Comisión Episcopal de Enseñanza y Catequesis habla de "grave deterioro" y de descensos que se producen "año tras año". Esa tendencia a la baja a medida que la opción de la religión depende del alumno sin la interferencia de los padres se acentúa en el bachillerato y la opción por la enseñanza religiosa se sitúa en el 47,05%. Como se ve, a más edad, menor inclinación de los estudiantes por los estudios de religión y moral católica.

—El 81,90% de los escolares
españoles recibe enseñanza
religiosa católica.
Juan Bedoya, Madrid, 28 marzo 2001

El cardenal Antonio María Rouco dejó claro que los obispos españoles están seriamente disgustados con "la autoridad política y las instituciones públicas del Estado", a las que reclamó "no caer en formas laicistas de intolerancia religiosa". Además señaló que el reconocimiento de las parejas de hecho homosexuales "enturbia las fuentes de la humanidad". "El camino emprendido no es el buen camino. Búsquense soluciones, si es que no las hay ya, pero no se dé cauce legal a la confusión antropológica; no se enturbien aún más las fuentes de la verdadera humanidad. El bien común demanda precisamente lo contrario para el futuro de nuestro pueblo: una legislación más amiga del matrimonio y de la familia", dijo. "Nos duelen la muerte y el sufrimiento de tantas víctimas de la violencia en sus múltiples formas, en especial las que sufren las mujeres y los niños. Nos duele que sigan sacrificándose vidas inocentes ya antes de nacer en número creciente y con nuevas técnicas mortíferas legalizadas por quienes tienen el deber de velar por la vida y la salud de todos. Nos duele la suerte de los pobres y de los que carecen permanentemente de trabajo; la suerte de los inmigrantes explotados por mafias sin escrúpulos y no acogidos con todo el respeto y el afecto que nos merecen como personas e hijos de Dios. Nos duelen los que pierden la fe, los jóvenes a los que no se les abre en la vida un horizonte iluminado por el evangelio". Rouco aludió también a la eutanasia como "triste y dramática expresión de deshumanización", y a las leyes aprobadas por algunas comunidades autónomas al respecto. El Estado cae "en formas laicistas de intolerancia religiosa", según Rouco, y la Iglesia reclama que "simplemente se cumpla la ley", en alusión a los acuerdos del Estado español y el Estado de la Santa Sede sobre la enseñanza de la religión católica. Denunció "la disminución de la calidad del sistema educativo, cuando no su notorio deterioro, a las crecientes dificultades para poder transmitir un mínimo de formación religiosa y moral a los alumnos que les permita la maduración integral de su personalidad".

—Rouco se queja de que la Iglesia
católica vive en España
"circunstancias difíciles".
Juan G. Bedoya, Madrid, 24 abril 2001

El cardenal Antonio María Rouco, el líder del catolicismo español, reconoció que "la transmisión de la fe a las nuevas generaciones empieza a estar en peligro", y expresó su dolor porque, según él, abundan "los mensajes de contenido anticristiano e incluso blasfemo que martillean las mentes de nuestros niños y de nuestros jóvenes".

—El cardenal Rouco dice que la Iglesia
católica no "pretende privilegios".
Juan G. Bedoya, Madrid, 16 marzo 2001

Vocabulario

abordar	to undertake; to tackle
acervo cultural	cultural heritage
asignatura	course; subject (of study)
cargar	to burden
Concordato	Agreement
cuestión pendiente	unresolved question
cursar	to study
dar largas	to draw out something
docente	educational
elogio	praise; tribute
embarcado	engaged
enseñanza	education
entrambos	both
enturbiar	to muddy
espinoso	thorny
estancado	stagnant
expediente	proceeding
franquista	referring to Franco's government
herir	to wound
hundir	to sink
impuestos	taxes
ingeniar	to contrive; to think up
laico	lay; not ecclesiastical
martillear	to torment with any repeated action; to repeat persistently
mortífero	unhealthful
perdurar	to endure
preservativo	condom
puñado	handful
queja	complaint
reacio	resistant
real	royal
secuela	subsequent development; sequel
subvencionar	to subsidize
velar	to watch over
vigencia	validity; to be in force

Preguntas sobre la lectura

1. ¿Qué quiere la Iglesia?
2. ¿Qué quiere Rouco?
3. ¿Qué responde Piqué?
4. ¿A qué se refiere con la "cuestión pendiente"?
5. ¿Qué cree Piqué de la religión?
6. ¿Qué comentan Sistach, Carvajal y Blanco?
7. ¿Cómo responden los protestantes?
8. ¿Cómo responden otras religiones?
9. ¿Cuántos no católicos hay en España?
10. ¿Por qué se siente discriminada la Iglesia?
11. ¿Cuál es la situación actual de la iglesia Católica española?
12. ¿Qué subvenciones recibe del gobierno?

Más allá de la lectura

1. Describa su religión o sus creencias y valores.
2. ¿Cómo se adquieren esos valores morales?
3. ¿Apoya Ud. la educación religiosa en las escuelas? ¿Por qué sí o por qué no?
4. Comenta estas palabras: "Creo que el conocimiento de la religión forma parte de un acervo cultural que se hunde en los siglos y que es extremadamente importante preservar."
5. Reflexione sobre la siguiente cita: "Cuanto menos se duda de la propia identidad menos se teme el contacto con otras culturas."

18

Fracasa el plan contra los malos tratos

Las asociaciones de mujeres agredidas por sus parejas acusan al Gobierno de incumplir sus promesas

Francisco Peregil, Madrid, 22 octubre 2000

Nada ni nadie ha podido frenar hasta el momento la escalada de muerte de mujeres a manos de sus cónyuges. Ni el endurecimiento de las penas, ni las campañas publicitarias, ni los esfuerzos de abogados, fiscales y asociaciones de mujeres por coordinarse, ni la política del Gobierno del PP ni la de los autonómicos. El Gobierno central destinó en 1998 un total de 4.773 millones de pesetas en lo que se bautizó como plan de choque contra los malos tratos. Pero las cifras de muertes y denuncias de agresiones no han hecho más que aumentar. Según la Federación de Asociaciones de Mujeres Separadas, el Gobierno cuenta con un magnífico aparato de propaganda, pero a la hora de la verdad se niega a crear una fiscalía especializada en malos tratos a la mujer.

Desde el 17 de diciembre de 1997 en que Ana Orantes fuera rociada con gasolina y quemada por su marido, el Gobierno, el Consejo General de la Abogacía, la Fiscalía General, la Federación de Asociaciones de Mujeres Separadas y los distintos Gobiernos autonómicos han intentado luchar contra el maltrato a mujeres. Se endurecieron las penas, se repartieron teléfonos móviles y pulseras de aviso entre las víctimas, se promovieron campañas publicitarias. Sin embargo, todas las medidas se han ido estrellando contra las cifras: en 1997 se registraron 33 casos de mujeres asesinadas por sus cónyuges, en 1998 fueron 35, en 1999 alcanzaron los 42 y hasta junio de este año iban 22 reconocidas oficialmente. Cada 24 horas, 60 mujeres denuncian malos tratos en comisaría.

El Gobierno, después de anunciar en 1998 una inversión de 4.773 millones en lo que se bautizó como plan de choque contra los malos tratos observa cómo se acerca el mes de diciembre en el que concluirá dicho plan y las cifras no sólo no se reducen, sino que aumentan con pulso firme.

El presidente de Castilla-La Mancha, José Bono, ha declarado su intención de publicar la lista de los maltratadores. Algunos juristas tachan de inconstitucional y demagógica la medida de Bono. Pero... ¿dónde está la solución?

Según el Gobierno, desde luego la solución no se encuentra en la creación de una Fiscalía especial dedicada a coordinar la lucha contra el maltrato a mujeres. El PP ha rechazado la propuesta del PSOE en el Parlamento por considerarla un despilfarro para la Justicia.

"La solución tampoco está en incumplir promesas", se queja Ana María Campos, presidenta de la Federación de Asociaciones de Mujeres Separadas. Según Campos, el Gobierno tiene un responsable de propaganda admirable que consigue anunciar muchas cosas y hacer pocas.

Tal domingo como hoy, el 4 de octubre de 1998, este periódico titulaba en primera página: "50 fiscales perseguirán a los agresores reincidentes de mujeres". En el texto se explicaba que una circular de la Fiscalía General del Estado les iba a ordenar que, allá donde hubiera una denuncia, el acusador público investigue si el presunto agresor había sido denunciado antes en cualquier otro lugar de España por su actual pareja o la anterior. De esa manera, la acumulación de faltas por pequeñas agresiones podría transformarse en delito y, por tanto, la pena ser más dura.

¿Qué fue de aquello?

Un alto responsable de la Fiscalía General sostiene que el camino se señaló muy bien desde entonces, y que lo único que queda es asfaltarlo, ponerle farolas y pintarlo. Traducida, la metáfora viene a decir que los fiscales se han comprometido a reunirse una vez al año "o cada dos años", que se han comprometido también a elaborar un registro estadístico, pero no cuentan con todos los medios deseables: ni suficientes ordenadores, ni conexión informática entre las diferentes fiscalías, ni suficientes funcionarios para ayudar a compilar la información.

"De todas formas", señala el citado jurista de la Fiscalía General, "no creo que un tipo a la hora de levantarle la mano a la mujer vaya a frenarse porque piense en la que le puede caer si el fiscal se entera".

El pasado domingo 9 de abril este periódico titulaba igualmente: "Habrá 5.000 nuevos abogados de oficio especializados en los delitos de malos tratos a las mujeres". La noticia hacía referencia a un pacto entre el Ministerio de Justicia y el Consejo General de la Abogacía para formar a letrados de oficio que ofrecieran asistencia gratuita las 24 horas del día a las mujeres maltratadas de aquellas comunidades que no tuviesen traspasadas las competencias jurídicas. ¿Dónde están esos 5.000 letrados?

"Esa cifra la dió el entonces director general de Justicia", señala Jesús López Arena, presidente de la comisión de seguimiento por parte de los colegios de abogados. "Era una cifra que no guardaba mucho sentido con la realidad".

¿A cuántas víctimas se ha atendido gratuitamente desde que entrara en vigor el convenio el pasado 7 de septiembre? A pesar de que los miembros del Consejo General de la Abogacía se reunieron esta semana por primera vez con representantes de la Justicia para evaluar el funcionamiento del proyecto, López Arena sólo pudo ofrecer cifras de León, la zona que representa él, donde los abogados atendieron a cinco mujeres, y Teruel, donde se han atendido a seis. A los cursos de formación en León asistieron 160 letrados, de los cuales el 70% fueron mujeres. Y en Teruel el curso empezará el 30 de octubre.

"Pero esos cursos", señala la presidenta de la Federación de Asociaciones de Mujeres Separadas, Ana María del Campo, "suelen durar un fin de semana, no mucho más". ¿Qué se puede aprender en ese tiempo?

También los abogados del Consejo señalan que ellos por sí solos tampoco van a solucionar el problema, aunque realmente fuesen 5.000 y estuviesen muy bien especializados.

Entonces... ¿dónde está la solución contra tantas palizas y tantas muertes?

Para Del Campo, la respuesta ha de darse en el colegio, formando a los niños y en las universidades, donde se debería formar a forenses y abogados.

En otras comunidades han dado un paso adelante. El País Vasco ha intentado curar desde 1995 a 150 agresores mediante tratamiento psicológico que se prolonga durante cinco meses. De ellos, la mitad abandonó casi al principio de los cursos. Y del resto, un 30%, volvió a pegar. Sólo 55 no maltrataron de nuevo a la mujer, al menos durante el año de seguimiento. En Cataluña, el Instituto de Reinserción Social ha atendido a 26 hombres, de los cuales sólo 15 continúan en tratamiento. "El otro día oí a una mujer decir que el tratamiento para agresores no existía. Y le dije: lleva usted razón, señora, no existe". El que habla así es el psicólogo responsable del citado centro. "Se supone que yo nunca debería decir una cosa así, pero la verdad es que nuestros recursos, tanto en Cataluña como en el País Vasco, son tan insignificantes en relación a la cantidad de agresores que hay, que en realidad, casi no existimos".

Entonces... ¿dónde está la solución?

El citado responsable del centro de Reinserción Social de Cataluña aporta una pista: "Mientras haya políticos, fiscales, forenses, jueces y periodistas maltratadores no estaremos preparados para impulsar cambios importantes".

"Mi marido me pega lo normal"

—Qué le ha pasado en la cara?

—Mire usted, mi marido me pega lo normal, pero esta vez se ha pasado y quiero denunciarlo.

La conversación tuvo lugar en la consulta del médico forense de Jaén, Miguel Lorente, autor del libro *Agresión a la mujer* (editorial Comares). Lorente ha explorado a decenas de mujeres maltratadas. Y fue precisamente la que le ofreció esa respuesta la que le llevó a especializarse contra los malos tratos y a redactar un libro de próxima aparición que se titulará precisamente así, *Mi marido me pega lo normal*. "Esa misma mujer denunció al marido. Y después retiró la denuncia. En realidad, lo único que buscan muchas es que el fiscal, el forense o el juez, alguien que ellas consideran respetable, le eche la bronca al marido. Pero no asumen la gravedad de su situación. Y sólo consideran que el marido se pasa de lo "normal" cuando les clava un destornillador en un ojo, como ocurrió en Jaén hace un año, o algo parecido".

Lorente cree que después del sobresalto que se llevó la sociedad española con el caso de la mujer de Granada que fue rociada y muerta en 1997, se corre el riesgo de irse acostumbrando a las muertes de mujeres maltratadas igual que a los "30 muertos por accidente de tráfico en fin de semana". Es como si los maltratos estuvieran volviendo a "normalizarse".

Ampliación de la lectura

El Gobierno ultima el nuevo Plan de Acción contra la Violencia Doméstica, que debe entrar en vigor el año que viene y pretende coordinar todos los esfuerzos encaminados a luchar contra este tipo de maltrato. Entre las novedades de este plan destaca la creación de un sistema de telealarma que una a las víctimas en situación de riesgo con la Guardia Civil o la policía y la creación de turnos de oficio especializados para estos casos.

El nuevo Plan tiene como uno de sus principales objetivos incrementar la asistencia y la protección de las víctimas. Para ello, el Gobierno, por ejemplo, reforzará la red de centros de emergencia y acogida, que dependen de las comunidades autónomas y de los ayuntamientos, e impulsará la creación de centros de 24 horas.

Algunas medidas, además, prometen ser polémicas. Es el caso de la puesta en marcha de un programa de rehabilitación de maltratadores, en el que participarán el Ministerio de Justicia, instituciones Penitenciarias y el Consejo General del Poder Judicial. A las asociaciones que trabajan con las víctimas les horroriza la idea de que se invierta en los culpables. La intención del Gobierno es completar el plan con las habituales campañas de sensibilización, hacer un seguimiento de los procesos relacionados con este tipo de violencia y proponer que la instrucción de este tipo de delitos sea atribuida siempre a los mismos jueces, entre otras. En estos años se han creado 24 servicios de atención a mujeres en las comisarías, se ha editado una guía de recursos para víctimas y se

han financiado hasta 70 asociaciones para desarrollar programas en este ámbito.
—*El Gobierno anuncia un plan contra la violencia doméstica.*
Amaya Iríbar, Madrid, 10 junio 2000

El 64% de los adolescentes y el 34% de las adolescentes en España cree que la violencia doméstica y el sexismo es inevitable porque forma parte de la naturaleza humana.
—*Miles de mujeres se manifiestan en España por la igualdad laboral.*
El País, Madrid, 9 marzo 2000

Durante 1999 la violencia doméstica acabó con la vida de 42 mujeres y hubo más de 20.000 denuncias.
—*Un estudio revela que en España hay 2.000.000 de maltratadas.*
Amaya Iríbar, Madrid, 5 abril 2000

Según una macroencuesta del Instituto de la Mujer, 1.865.000 españolas (el 12,4% de las mayores de edad) sufren alguna forma de maltrato físico o psíquico en el ámbito familiar. 30 mujeres han muerto a manos de su pareja este año. El número de denuncias ha crecido, pero no afloran todos los casos. En el primer semestre de 2000 se presentaron 10.838 denuncias de mujeres por malos tratos masculinos.
—*El Gobierno ultima un nuevo plan contra los malos tratos.*
El País, Madrid, 21 septiembre 2000

Más de dos millones de españolas han sufrido algún tipo de maltrato físico o psíquico (amenazas, palizas, etc.) a lo largo de su vida, es decir, el 14,2% de la población femenina mayor de 18 años. Sin embargo sólo el 4,2% de los 15 millones de españolas mayores de edad (unas 630.000) se autoidentifican como víctimas del abuso doméstico. La violencia doméstica es causada en el 76% de los casos por maridos o compañeros. El Gobierno ha invertido considerables sumas de dinero en el Plan de Acción contra la Violencia Doméstica (1998–2000), gran parte destinado a servicios sociales, campañas de sensibilización, educación, sanidad y otros. Sin embargo se cuestiona la efectividad de ese plan pues dicha lacra social no ha disminuido.
—*El 14% de las españolas ha sufrido maltrato, según un estudio.*
Amaya Iríbar, Madrid, 4 febrero 2000

Los maltratos conyugales no son esporádicos ni aislados sino que responden a conductas continuadas. Más del 70% de las mujeres que son maltratadas en su hogar, casi siempre por sus maridos, lleva al menos 5 años siendo agredida. Las más afectadas son las mujeres urbanas mayores de 45 años que trabajan en casa. El 74,2% identifica a sus compañeros sentimentales como los maltratadores. El 10% identifica a los hijos y el 11% a los padres.
—*El 70% de las mujeres maltratadas lleva al menos cinco años siendo agredida.*
Amaya Iríbar, Madrid, 6 abril 2000

Una de cada 5 mujeres europeas ha sufrido malos tratos alguna vez en su vida. A nivel mundial la violencia contra mujeres provoca más muertes y casos de invalidez que el cáncer, los accidentes de tráfico o las guerras.
—*Bruselas exige a los Quince cambios legales contra la violencia doméstica.*
Carlos Yárnoz, Bruselas, 22 noviembre 2000

El número de mujeres maltratadas en España es igual al de la media europea. España tiene mucha menos violencia que Irlanda y Portugal y un poco menos que Francia, Inglaterra y los países escandinavos. El país europeo con menos violencia es Italia. El 46,1% de los europeos atribuyen la violencia al comportamiento provocativo de la mujer.
—*La violencia doméstica en la UE.*
Eurobarómetro, El País, 22 noviembre 2000

La violencia en el seno de las familias es, a juicio de los españoles, algo absolutamente cotidiano. Y no sólo la sufren las mujeres, sino también, en porcentajes excepcionalmente altos, los niños y los ancianos. Según las encuestas, en las familias españolas son abrumadoramente frecuentes las agresiones físicas contra los niños, las mujeres y los ancianos.

Una pregunta del barómetro del CIS (Centro de Investigaciones Sociológicas) ofrece un escenario escalofriante de la percepción de la vida familiar en España. "Por lo que usted sabe o ha oído, ¿en las familias españolas son muy frecuentes, bastante, poco o nada frecuentes...?". Los abusos sexuales en la pareja: un 54% responde que son muy o bastante frecuentes, y sólo seis de cada 1.000 (el 0,6%) encuestados, nada frecuentes. Las agresiones o maltratos a los niños: un 60% estima que son muy o bastante frecuentes, y un 2,3%, nada frecuentes. Las agresiones o maltratos a la pareja: tres de cada cuatro preguntados creen que son muy o bastante frecuentes. Las agresiones o maltratos a los ancianos: sólo aquí, menos de la mitad de la población los ve "bastante frecuentes" (un 43%). Más de la mitad de los encuestados, el 53%, creen que los abusos sexuales contra niños y mujeres son "bastante" o "muy frecuentes". Un 54% califica esas conductas de inaceptables, pero reconoce que habla poco o nada del asunto con las personas de su entorno.

También cree que los abusos no se denuncian, sobre todo por miedo. A los encuestados que dijeron conocer algún caso de violencia doméstica, el barómetro les preguntó si lo denunciaron. Tres de cada cuatro dijeron que no. ¿Por qué no se producen más denuncias? El 82% contestó que por miedo, por falta de recursos económicos (el 11,5%) o por vergüenza (el 10,6%). Los encuestados consideran "imprescindible" por amplísima mayoría dar alguna vez un grito e incluso un azote o una bofetada para educar a los hijos. Las drogas, el alcohol y los problemas mentales son los tres factores que más influyen en la violencia doméstica. En cambio, el bajo nivel cultural, el paro o la pobreza no son factores clave. Incluso el haber sufrido maltratos físicos o sexuales en la infancia son factores que influyen bastante, pero no mucho, en estos comportamientos. La familia y los amigos son el principal sostén que, según esta encuesta, ven los españoles para apoyar a las víctimas. En el extremo opuesto, sólo el 2,7% de los preguntados confiaría en las instituciones religiosas para lograr una ayuda eficaz. Las asociaciones benéficas, los medios de comunicación y los abogados tampoco son solución.

—El 53% de los españoles cree que los abusos sexuales contra los niños son frecuentes.
Pilar Marcos, Madrid, 26 abril 2001

El 20% de los españoles asegura conocer algún caso de violencia doméstica. Los españoles suspenden con una nota de 3,9 la actuación del gobierno al respecto. El 72% de los españoles piensa que las sentencias judiciales son incorrectas. El 89% reclama penas más duras. La propuesta del presidente de Castilla-La Mancha de publicar los nombres de los maltratadores condenados por sus abusos la apoya el 52% de los ciudadanos.

—Siete millones de españolas sufren maltrato, según el sondeo de la SER.
El País, Madrid, 7 noviembre 2000

El Gobierno regional de Castilla-La Mancha ha aprobado una ley contra los malos tratos que apoya la publicación de los nombres de los agresores. Según su presidente esta ley pretende reducir

"uno de los males más incomprensibles en una sociedad moderna. 500.000 casos de malos tratos significan que hay medio millón de varones que maltratan a sus mujeres en España y no se debe de ocultar". Los nombres de los maltratadores aparecerán" en un informe anual que se remitirá a las Cortes y que el Gobierno Regional hará público para general conocimiento".
 —*Bono envía a la Cámara regional su ley contra la violencia doméstica.*
 Agencias, Toledo, 14 marzo 2000

Según el segundo plan del gobierno contra los maltratadores, éstos perderán la patria potestad de sus hijos y tendrán que abandonar inmediatamente el domicilio conyugal. También se reformará el código civil y el penal, para que la condena por malos tratos sea causa inmediata de separación o divorcio.
 —*Nuevas medidas para retirar la patria potestad a los maltratadores.*
 Javier Arroyo, Granada, 18 marzo 2001

El pleno del Consejo General del Poder Judicial (CGPJ) acaba de presentar una Guía Práctica de Actuación que promueve la acción ágil y coordinada de los jueces en casos de malos tratos familiares, para mejorar su persecución y la protección de las víctimas.
 —*El Poder Judicial aprueba una guía práctica contra la violencia doméstica.*
 Bonifacio de la Cuadra, Madrid, 22 marzo 2001

La violencia doméstica acaba de cobrarse una nueva víctima. En lo que va de año son al menos 20 las víctimas mortales, una cifra que no permite a los poderes públicos el más mínimo relajo en su esfuerzo por erradicar esta lacra social en expansión. La violencia doméstica tiene componentes de tipo cultural —el machismo, de fuerte raigambre social— que sólo la educación y la beligerancia ciudadana pueden eliminar a medio o largo plazo. Es importante por ello que el nuevo plan aprobado el pasado viernes por el Gobierno contenga un capítulo educativo sobre el valor de la tolerancia y la igualdad destinado a los centros escolares.
 Pero, a corto plazo, sólo medidas preventivas y asistenciales a favor de las víctimas y punitivas en contra de los agresores pueden hacer retroceder la amenaza del maltrato doméstico. El nuevo plan del Gobierno, previsto para cuatro años, insiste por ello en reforzar y ampliar este tipo de medidas. Seguramente podría ser mejor, como han señalado varias asociaciones de mujeres y algunos grupos políticos que reclaman una ley integral contra la violencia doméstica. Pero constituye un paso adelante en cuanto a financiación y eficacia. Son iniciativas positivas, pero cuya efica-

cia depende de su credibilidad entre las potenciales víctimas. Es significativo que la mujer muerta en Barcelona desistiera de denunciar su situación porque "la policía no iba a hacer nada".

—*Acoso al maltrato.*
El País, 17 mayo 2001

Vocabulario

abrumadoramente	overwhelmingly
agredido	abused
asfaltar	to lay down asphalt
asunto	matter; subject
bautizar	to baptize; to name
clavar	to stab
cónyuge	spouse
despilfarro	waste
destornillador	screwdriver
echar la bronca	to start a fight
endurecimiento	hardening
entrar en vigor	to enforce
escalada	climb; increase
escalofriante	chilling
estrellando	crashing
farola	traffic light
fiscal	public prosecutor
fiscalía	office of the district attorney
frenarse	to restrain oneself
lacra	defect
letrado de oficio	professional advisor
maltratador	abuser
paliza	beating (as with a stick)
patria potestad	legal guardianship
plan de choque	shock plan
pulsera de aviso	bracelet with emergency transmission signal
quemado	burned
raigambre	intermixture of roots
relajo	rest
remitir	to hand in
rociado	sprinkled; doused
seguimiento	follow-up
sobresalto	surprise
suspender	to fail (as in school)

tachar	to challenge; to accuse
venir a decir	to end up meaning

Preguntas sobre la lectura

1. ¿Qué soluciones se proponen y rechazan?
2. ¿Qué incluye el plan del gobierno contra los malos tratos?
3. ¿Cuál es su resultado?
4. ¿Qué debería de incluir?
5. ¿Cuál es la propuesta de la Federación de Mujeres Separadas?
6. ¿Qué otras propuestas se presentan?
7. ¿Cómo se trata de reducir el problema?
8. ¿Por qué falla dicha tentativa?
9. ¿Qué quiere decir la frase: "Mi marido me pega lo normal"? ¿Cómo explica esa frase la percepción del problema?
10. ¿Qué riesgo implica la palabra "normalizarse"?
11. ¿En qué sectores de la sociedad se encuentra el maltrato?
12. ¿Cuáles son algunos aspectos nuevos del plan contra la violencia doméstica?
13. ¿Qué porcentajes de maltratos se mencionan?
14. ¿Qué factores llevan a la violencia doméstica?
15. ¿Por qué motivos no se denuncia?

Más allá de la lectura

1. ¿Cómo se compara la violencia doméstica en España y en otros países?
2. ¿Dónde está la solución contra la violencia doméstica? ¿Hay solución?
3. ¿Conoce Ud. a alguna víctima de esta violencia?
4. ¿Qué haría Ud. si conociera alguna situación de violencia cercana a Ud.?
5. ¿Por qué las víctimas se quedan en relaciones abusivas?
6. ¿Hay tendencia de culpabilizar también a la víctima? ¿En cuáles circunstancias?
7. ¿Qué características tienen los maltratadores?
8. ¿Qué opina Ud. del castigo corporal de padres a hijos? ¿De maestros a estudiantes?
9. ¿Qué puede hacer la sociedad para reducir la violencia doméstica?
10. ¿Hay estigmas asociados con el sufrimiento de esta violencia?
11. ¿Qué sabe Ud. de la violencia doméstica en EE.UU.?
12. ¿Qué piensa Ud. de la ley de publicar los nombres y las fotos a los maltratadores?

19

Sanidad atribuye el descenso del SIDA a los nuevos fármacos y la prevención

España, con descensos del 7%, registra todavía los peores datos de la UE

El País, Madrid, 24 octubre 2000

El efecto de los nuevos fármacos antirretrovirales, unido a una buena práctica asistencial, y el esfuerzo realizado en prevención son los factores que explican la reducción en el número de casos de SIDA en España, que han descendido en un 7% en el primer semestre del año, según el secretario del Plan Nacional sobre el SIDA, Francisco Parras. Sin embargo, las cifras en España son peores todavía que en el conjunto de la Unión Europea.

Parras destacó que la generalización del uso de los antirretrovirales ha permitido "retrasar extraordinariamente" la evolución de la enfermedad, así como mejorar su pronóstico, mientras que el desarrollo continuado de estrategias en todas las áreas de prevención ha llevado consigo una reducción de las prácticas de riesgo.

No obstante, el máximo responsable del Plan Nacional sobre el SIDA advirtió de que, en el caso de enfermedades que tienen relación con hábitos de vida, cambiar las conductas de riesgo, como son en este caso mantener relaciones sexuales sin protección y utilizar jeringuillas no estériles entre usuarios de drogas por vía intravenosa, "siempre es complicado y difícil".

Por este motivo, considera que lo importante es "no modificar la estrategia y mantener esta línea de trabajo, que a la larga va a eliminar prácticas de riesgo y disminuir las infecciones". Por otro lado, Parras estimó que la tendencia a la baja de los casos de SIDA en España "probablemente continuará durante algún tiempo", aunque, mientras falten fármacos más agresivos o una vacuna, no se llegará finalmente a "una fase de estabilización", ya que los fármacos "no curan la enfermedad, sino que la retrasan". "Necesitamos seguir trabajando en la prevención y en evitar nuevas infecciones. Ésa es la clave", dijo.

58.091 afectados

En relación con el resto de los países de la Unión Europea, el secretario del Plan Nacional sobre el SIDA señaló que, pese a que España "ha hecho probablemente uno de los mayores esfuerzos en prevención" de todo el mundo, seguirá habiendo "más casos y peores cifras que en cualquier otro país de la Unión Europea", ya que la situación de partida fue peor. "Partíamos de una situación mala, porque teníamos más casos, y vamos a seguir teniendo más casos y peores cifras que cualquier otro país de la Unión Europea. Pero lo importante es que los descensos que ha habido proporcionalmente con la implantación de estrategias de prevención y fármacos antirretrovirales nuevos son exactamente iguales a los que ha hecho cualquier miembro de la UE", señaló.

Según los datos hechos públicos ayer por el Ministerio de Sanidad y Consumo, desde la creación del registro en 1981 se han acumulado 58.091 afectados por el VIH, de los que más del 60% han fallecido. La Secretaría del Plan ha recibido hasta la fecha información de 2.536 casos diagnosticados el año pasado. Un 80% de ellos son varones, y la vía de transmisión más frecuente fue el uso compartido de material de inyección para la administración de drogas (58%), seguida por las relaciones heterosexuales no protegidas (19%) y las relaciones homosexuales de varones (12%).

En los últimos años se observa un progresivo aumento de la proporción de casos de SIDA debidos a la transmisión sexual, en detrimento de los asociados al consumo de drogas inyectadas. También se ha detectado un aumento progresivo en la edad media de los enfermos, que ha pasado de 31 años en 1990 a 37 en 1999.

El mayor descenso en la epidemia se produjo entre 1996 y 1997, mientras que en los últimos años la incidencia tiende a estabilizarse por encima de 2.500 casos nuevos anuales. Los avances en el tratamiento del VIH han retrasado la aparición del SIDA y mejorado el pronóstico y calidad de vida de las personas que viven con esta infección. El Ministerio de Sanidad y Consumo insiste en que el SIDA sigue siendo un importante problema de salud pública en España y que, por tanto, no deben interpretarse estos datos con triunfalismo.

Por otra parte, la Cruz Roja y Media Luna Roja clausuraron el pasado lunes su conferencia panafricana en Burkina Fasso, que tomó la decisión de movilizar a sus 2,3 millones de voluntarios en el continente para un plan de acción basado en las comunidades locales y centrado en el reparto de preservativos y en programas higiénicosanitarios. Según Onusida, desde 1985 el SIDA ha matado en África a más de 11 millones de personas, lo que representa el 83% de las víctimas de la epidemia en el mundo. Los 21 países con mayor incidencia del SIDA son africanos.

Ampliación de la lectura

En España, como el resto de los países industrializados, se está logrando frenar la expansión del SIDA. En 1998 dejó de ser el país europeo con más enfermos de SIDA aunque todavía es uno de los más castigados, con un índice de ocho casos por millón de habitantes. Los casos de SIDA acumulados en España ascienden, desde el principio de la epidemia en 1981, a 55.711, de los que más del 60% han fallecido. De los nuevos diagnósticos en 1998 se sabe que el 79% afecta a hombres y su edad media es de 37 años, en las mujeres es de 34. El mecanismo de transmisión más frecuente sigue siendo la jeringuilla compartida (58,8% de los nuevos casos), seguido de las relaciones heterosexuales no protegidas (20,3%) y las prácticas homosexuales no protegidas entre hombres (12,5%). Sanidad estima que en total puede haber alrededor de 120.000 infectados. El costo de la enfermedad para la Sanidad Pública es de 120.000 millones de pesetas anuales. La Fundación Anti-SIDA España (Fase) alerta sobre la incidencia de hábitos de riesgo (coitos sin preservativos y jeringas compartidas). Para las autoridades sanitarias, las campañas de prevención han demostrado que no alientan una más temprana o mayor práctica sexual y, además, es la única forma de evitar el SIDA. El 95% de los enfermos de SIDA vive en países en desarrollo.

—*Los nuevos casos de SIDA en España caen un 24% tras el descenso iniciado en 1995.*
Gabriela Cañas, Madrid, 1 diciembre 1999

La situación del SIDA en España coincide con la tendencia general en los países desarrollados. En total ha habido unos 59.000 enfermos desde los primeros diagnósticos del SIDA, de los que han muerto el 65% (unas 38.000 personas). 3 de cada 1.000 españoles son portadores del virus (unas 120.000 personas), y la mayoría no lo saben. El gobierno español discute actualmente si el SIDA es una enfermedad "crónica" o "incurable" pues, de su definición depende que el gobierno trate de eliminar las pensiones que reciben algunos afectados de SIDA. Además el considerar la

infección como "crónica" facilitaría la integración social de los enfermos y responde mejor a lo que ellos quieren, que es no ser socialmente marginados.
—Cada minuto 10 personas contraen el SIDA en el mundo, según un informe de la ONU.
Emilio de Benito, Madrid, 1 diciembre 2000

El 70% de los pacientes seropositivos españoles tratados durante un año consigue reducir el virus a niveles indetectables. El tratamiento de un enfermo de SIDA en España cuesta entre el millón y 1,2 millones de pesetas anuales. Ahora hay en España 40.000 coinfectados de SIDA y hepatitis C, y el 60% de los enfermos presenta o ha presentado problemas de drogodependencia.
—El virus se hace indetectable en el 70% de los pacientes.
El País, Madrid, 1 diciembre 1999

Las mujeres son más vulnerables al contagio del SIDA y el virus presenta más variantes en ellas. Consecuentemente la posible vacuna sería menos eficaz en la población femenina. Esta epidemia del SIDA, que empezó en occidente enfermando a homosexuales masculinos, afecta ya a más de 33 millones de personas, de las cuales una tercera parte son mujeres.
—Una investigación indica que la vacuna del SIDA funcionaría peor en las mujeres.
Gabriela Cañas, Madrid, 29 diciembre 1999

La transmisión del SIDA por relaciones heterosexuales sin preservativo alcanzó en 2000 el 22% de los casos, el 39% de los cuales afecta a mujeres. El porcentaje de ese tipo de contagios venía bajando desde 1996, pero ahora experimenta un repunte. El número total de casos de SIDA desciende un 13% respecto a 1999. En 2000 hubo 1.744 casos, un 77,9% de ellos hombres. La transmisión más frecuente sigue siendo por jeringuillas compartidas para la inyección de drogas (56%). La tercera vía de contagio son las relaciones sexuales sin preservativo entre hombres.
—Aumentan los contagios heterosexuales de SIDA.
El País, Madrid, 15 febrero 2001

Debido al éxito de los tratamientos anti-SIDA los seropositivos pueden perder su pensión no contributiva del gobierno puesto que no están lo suficientemente enfermos para cobrarla. 11.000 pacientes de SIDA cobran una pensión de 40.000 pesetas. Hasta la aparición de los cócteles retrovirales era más fácil cobrar por incapacidad, pero si no hay cierto número de hospitalizaciones al año resulta más difícil cumplir los requisitos para tener derecho a la pensión.

—El gobierno endurece las condiciones para conceder la invalidez a los enfermos de SIDA.
Emilio de Benito, Madrid, 27 noviembre 2000

Gracias a las campañas de información y prevención (por ejemplo sobre el intercambio de jeringuillas) ha resultado en que la transmisión del SIDA y las hepatitis B y C haya entrado en una fase estable o endémica. España sustenta el mayor índice de prevalencia del SIDA asociado al consumo de drogas, con un 32%, frente, por ejemplo, al 1% de Inglaterra o Irlanda.

—Uno de cada tres jóvenes españoles ha fumado "porros", según un informe de la UE.
Gabriela Cañas, Berlín, 23 noviembre 1999

Unos 120.000 son seropositivos en España, es decir, tienen en su sangre el VIH (virus de inmunodeficiencia humana) causante del SIDA. Si se pone en relación el número de enfermos al de la población la tasa más baja es de 5 casos por millón de habitantes. Los números confirman que los nuevos casos de SIDA disminuyen. Más de la mitad de los nuevos casos corresponden a drogadictos que compartieron jeringuillas, el 22% a relaciones heterosexuales sin protección y el 11% a relaciones homosexuales.

—España tiene unos 120.000 seropositivos.
Emilio de Benito, Madrid, 2 mayo 2001

Vocabulario

a la larga	in the long run
alentar	to encourage
castigado	(in context) afflicted
clausurar	to bring to a close
clave	key
conjunto	alliance; entire group
descenso	decrease
endurecer	to toughen
faltar	to lack
fármaco	pharmaceutical drug; medicine
ha llevado consigo	have brought with them
hasta la fecha	to date
índice	rate

invalidez	disability
jeringuilla	syringe
no obstante	nevertheless
portador	carrier
sangre	blood
SIDA (síndrome de la inmuno-deficiencia adquirida)	AIDS (acquired immuno-deficiency syndrome)
vacuna	vaccine
VIH (virus de la inmuno-deficiencia humana)	HIV (human immuno-deficiency virus)

Preguntas sobre la lectura

1. ¿Qué factores explican la reducción del SIDA?
2. ¿Qué relación hay entre hábitos de vida y el SIDA?
3. ¿Cuál es la clave para refrenar la enfermedad?
4. ¿Cómo se compara en su incidencia España con el resto de la UE?
5. ¿Qué porcentajes de casos se mencionan?
6. ¿Cómo ha cambiado la situación en los últimos años?
7. ¿Qué se dice de la epidemia en África?
8. ¿Cuál es la situación del SIDA en España? ¿Y en el mundo?
9. ¿Cómo influye el tratamiento?
10. ¿Qué se dice de las mujeres y su vulnerabilidad al SIDA?
11. ¿Cuáles son los modos de trasmisión más comunes en España?
12. ¿Qué se dice de los pacientes y las pensiones del gobierno?
13. ¿Qué diferencia se menciona entre la transmisión en España y en Inglaterra?

Más allá de la lectura

1. ¿Cómo afecta a las relaciones humanas la conciencia de las enfermedades venéreas?
2. ¿Qué diferencias culturales hay entre España y EE.UU. con relación al tratamiento de estas enfermedades?
3. ¿Cómo debería educarse a la población sobre la salud?
4. ¿Qué programas privados o gubernamentales hay en EE.UU. para apoyar a los castigados de SIDA?
5. ¿Cuál es la gravedad del problema de SIDA en EE.UU.?
6. ¿Cómo influyen las diferencias culturales en la propagación del SIDA?

20

Un estudio revela que la salud de las españolas de rentas bajas empeora

Javier Sampedro, Madrid, 4 noviembre 2000

Las diferencias en el estado de salud según el nivel de renta se agravan en España, particularmente entre las mujeres, según un estudio que presentó ayer la prestigiosa Sociedad Española de Salud Pública y Administración Sanitaria (SESPAS). Los hábitos de vida de las mujeres más pobres se han venido haciendo cada vez más insanos a lo largo de los últimos 20 años, lo que permite predecir a estos expertos que ese grupo de población sufrirá en los próximos años un gran incremento de casos de infarto, diabetes, bronquitis y cáncer de pulmón.

Según explica Carlos Álvarez-Dardet, profesor de Salud Pública en la Universidad de Alicante y uno de los coordinadores del estudio, la frecuencia de conductas preventivas —abandonar el tabaco, moderar el consumo de alcohol, mantener el peso, hacer ejercicio— es, a grandes rasgos, la mitad en las mujeres de rentas bajas que en la media de la población. Por ejemplo, el porcentaje de mujeres con exceso de peso es del 5% en los sectores acomodados y del 11% en los más desfavorecidos.

"Las mujeres de rentas bajas son el único grupo cuya salud ha empeorado en los últimos años", afirma Álvarez-Dardet. "Los hábitos perjudiciales para la salud han aumentado un 40% en los últimos 20 años en ese segmento de población, y la situación va empeorando".

Deterioro

Como la relación entre estas conductas y el deterioro de la salud está demostrado por encima de toda duda, los autores del informe están en condiciones de afirmar que las mujeres de rentas bajas experimentarán en los próximos años un grave incremento en el número de casos de enfermedades cardiovasculares, de hipertensión, de diabetes, de bronquitis crónica y de cáncer de pulmón, dolencias todas ellas asociadas al consumo de tabaco, al exceso de peso y otros hábitos poco saludables. "De hecho", señala Álvarez-Dardet, "ese agravamiento ya se ha empezado a apreciar, al menos en las enfermedades cardiovasculares".

La sociedad científica cree imprescindible que el Gobierno aborde un plan de salud que incluya políticas de igualdad, y que las campañas sanitarias tengan a partir de ahora "una sensibilidad de clase y de género".

El presidente de la SESPAS, Rafael Manzanera i López, identifica varios problemas graves del Sistema Nacional de Salud español. De un lado, existen "importantísimas lagunas de información" sobre el funcionamiento del sistema. Ello convierte en necesaria, según él, la publicación de casos individuales que revelen las deficiencias del sistema.

Manzanera admite que el sistema público funciona bien en el tratamiento de las enfermedades agudas o crónicas, pero señala que hay una serie de situaciones patológicas, cada vez más importantes numéricamente, que "tienen un mal encaje en el sistema". Se refiere a los casos de adicción a las drogas, de seguimiento estable de los enfermos de SIDA y de atención a las necesidades de la población de mayor edad.

"Precisamente debido a las lagunas de información, no hay datos sistemáticos sobre el crecimiento de la desigualdad en España, pero hay síntomas claros de esa tendencia en el empeoramiento de la salud laboral, en los daños derivados del consumo de drogas entre los jóvenes y en los repetidos casos de violencia doméstica", dice Manzanera. "Tenemos que aprender a medir todos esos factores".

Menos años de vida en las comunidades pobres

La esperanza de vida en las comunidades más pobres —como Andalucía, Extremadura o Canarias— disminuye hasta ocho años en relación con las más ricas —País Vasco, Navarra, Cataluña y Baleares—. Así lo establece el informe de la SESPAS, aunque sin aportar datos estadísticos precisos. Sus autores, que atribuyen la diferencia de esperanza de vida a factores socioeconómicos y no de atención sanitaria, dividen el mapa de España con una línea diagonal que cruza desde Lugo a Alicante y que separa las zonas superiores, con mejor situación, de las inferiores, que la tienen peor. Hace dos años los autores del informe ya advirtieron de esas diferencias en función del nivel de renta de las distintas comunidades. No obstante, censuran el hecho de que dos años antes de que se complete el proceso de transferencias las comunidades, la situación sociosanitaria de los españoles no sólo no ha mejorado, sino que ha empeorado en los últimos cinco años, al tiempo que se ha incrementado la atención privada. Ante esta situación, exigen que se dote de poderes ejecutivos al Consejo Interterritorial y que se aumente la intervención en materia de salud pública del Ministerio de Sanidad.

Ampliación de la lectura

Las mujeres españolas y las suizas son las más longevas de Europa y las segundas del mundo, con una esperanza de vida de 82,5 años en 1999. Sólo las japonesas (83,9 años de media) superan a las españolas. Los europeos más longevos son los suecos (77,1 años), seguidos de griegos (75,5), italianos (75,5) y españoles (75,3). Las mujeres con menor esperanza de vida son las danesas (78,8), y entre los hombres, los portugueses (71,7). Las mujeres viven más que los hombres, concretamente 6,3 años más de media en la Unión Europea, (80,9 las mujeres y 74,6 los hombres). En 1980 sólo los hombres suecos (72,8 entonces) y los austríacos (72,7) superaban a los españoles. Ahora lo hacen suecos (77,1), griegos (75,5) e italianos (también 75,5). Fuera de la Unión Europea, los hombres más longevos en 1999 fueron los de Islandia (77,5), Japón (77,4) y Suiza (76,5). En Estados Unidos las mujeres tienen una esperanza de vida de 79,7 años y los varones de 71,6. En China la esperanza de vida de las mujeres es de 73 años y la de los varones de 69,3. En la India se queda en 62,7 para las mujeres y 61,5 para los hombres. La mortalidad infantil española es de 4,9 por cada 1.000 nacimientos en 1999. La media europea es 5. El Reino Unido está ahora en 5,8, muy por encima de la media europea.

En Estados Unidos los bebés siempre han tenido más peligro de muerte que en Europa: 6,9 en 1999. Las cifras son incomparablemente peores en países como la India (66,8 en 1999). Los países mediterráneos se destacan por el conservadurismo de sus costumbres. Si en Europa uno de cada cuatro niños nacidos en 1998 lo hicieron fuera de matrimonio (el 26%), en España esa tasa es la mitad (13%), en Italia al 8,7% y en Grecia al 3,8%. Un dato que no sólo se explica por el factor religioso pues en Irlanda la tasa fuera es del 28,3% en 1999. En Suecia nacen más niños fuera del matrimonio (54,7%) que dentro, Dinamarca (44,8%), Francia (40,7%), Reino Unido (37,6%) y Finlandia (37,2%). Fuera de la UE las tasas más altas están en Islandia (64%), Estonia (52,2%) y Noruega (49%).

Eurostat no ofrece datos de Estados Unidos ni de Japón, aunque en 1980 el norteamericano casi doblaba al europeo (18,4%

frente a 9,6% entonces en Europa) y en cambio en el riguroso y religioso Japón se quedaba en el 0,8%.

—Las españolas son las mujeres con la mayor esperanza de vida de Europa.
Walter Oppenheimer, Bruselas, 12 agosto 2000

El sistema sanitario español ocupa el séptimo lugar entre los 191 países de la Organización Mundial de la Salud (OMS), según el informe de esta organización. Los seis primeros puestos son para Francia, Italia, San Marino, Andorra, Malta y Singapur. Después de España se encuentran Omán, Austria y Japón. Portugal ocupa el puesto 12, Reino Unido el 18, Colombia —el mejor de los países americanos— el 22, Chile el 33, EE.UU. el 37 y Cuba el 39. Los 10 países con peor asistencia sanitaria son Zambia, Lesoto, Mozambique, Malawi, Liberia, Nigeria, República Democrática del Congo, República Centroafricana, Birmania y Sierra Leona. La OMS —un organismo que depende de las Naciones Unidas— ha considerado cinco factores: el nivel de salud general de la población, medido sobre todo por la esperanza de vida; la existencia de diferencias en la salud entre los habitantes del país; el grado general del sistema —un índice que mide la satisfacción de los enfermos, junto con el buen funcionamiento del sistema—; el reparto del sistema sanitario entre las diversas capas de la población y, por último, el reparto de la carga del costo de la financiación del sistema de salud entre los ciudadanos.

Así, el país que más gasta no es necesariamente el que mejor sistema de salud posee. Ello explica que el país que más gasta, los Estados Unidos, sólo está en el puesto 37. El mínimo que un país debe gastarse para asegurar una atención médica eficaz es de 60 dólares por persona y año, según el informe. En cuanto al origen de los fondos, tan sólo un 25% del total del dinero gastado en salud en los países industrializados es privado. Esta proporción aumenta al 56% en Estados Unidos y se dispara al 80% en India, debido a la falta de una seguridad social.

—La OMS afirma que el sistema de Salud español es el séptimo del mundo.
Agencias, Ginebra, 2 junio 2000

La pobreza en España afecta cada vez más a los jóvenes. El 26,5% de los pobres tiene entre 15 y 24 años, igual que el 23% de las personas sin hogar. El 44,1% de los pobres son menores de 25 años, e igual porcentaje de jóvenes sufre exclusión. Se considera pobre a quien no alcanza la mitad de la renta disponible neta (lo que queda tras pagar impuestos). Esta renta representa en España, según los últimos datos de 1999 del INE, 2.039.000 pesetas al año. Sus causas son el fracaso escolar, el desempleo y la precariedad laboral, y la desestructuración familiar. El 11% de los jóvenes ha abandonado el sistema educativo. Un 60% de los menores de 29 años carece de trabajo. El Gobierno, por imperativo de la UE, aprobó este año un Plan de Inclusión.

—El 23% de las personas sin hogar en España tiene entre 15 y 24 años.
Miguel Bayón, Madrid, 19 diciembre 2001

Vocabulario

abordar	to undertake; to tackle
acomodado	well off
agravar	to make worse
agudo	acute
capa	layer
carga del costo	charges for the cost
desfavorecido	underprivileged
destacarse	to stand out
empeorar	to worsen
encaje	fitting together; joining
imprescindible	essential; indispensable
lagunas de información	gaps in information
longevo	long-lived
(de) mayor edad	older, aged
puesto	position; place
pulmón	lung
reparto	division
revelar	to reveal

Preguntas sobre la lectura

1. ¿Qué relación hay entre salud y salarios?
2. ¿Qué explica Álvarez-Dardet?
3. ¿A quiénes afecta más y por qué?
4. ¿De que sufrirán las mujeres de renta baja?
5. ¿Cómo se relacionan las conductas y la salud?
6. ¿Qué recomienda la sociedad científica?
7. ¿Qué dice Manzanera del Sistema Nacional de Salud?
8. ¿Qué se señala de la relación entre pobres y la esperanza de vida?

9. ¿Cuál es la información sobre la esperanza de vida en España y en otros países?
10. ¿Qué información proporciona el artículo sobre los hijos nacidos dentro y fuera del matrimonio?
11. ¿Dónde hay más peligro de muerte de bebés recién nacidos?
12. ¿Qué se dice del sistema de salud?

Más allá de la lectura

1. ¿Qué problemas se asocian con la pobreza en EE.UU.?
2. ¿Qué diferencia hay entre lo que Ud. sabe de la mujer pobre de EE.UU. y la situación de la mujer pobre española?
3. ¿Por qué cree Ud. que hay mayor mortalidad en los bebés estadounidenses?
4. ¿Por qué el país que gasta más no siempre tiene el mejor sistema de salud?
5. ¿Cómo se podría mejorar el sistema de salud de EE.UU.?

21

Los maestros enferman en las aulas

El 80% de los profesores de centros públicos señala los trastornos psicológicos como su mayor problema

Lucía Argos, Madrid, 5 noviembre 2000

El maestro infalible ha muerto. El síndrome del maestro quemado que está dejando vacantes las aulas de algunos países europeos también hace mella en los docentes españoles, impotentes ante el nuevo perfil del estudiante. Aunque no se refleje oficialmente en sus bajas laborales, el estrés, la depresión y la ansiedad son los trastornos que los profesores más relacionan con el ejercicio de su profesión. Padres y enseñantes coinciden en que ha llegado la hora de replantear el papel de la escuela.

La escuela española incuba un mal que en países cercanos ya es una epidemia. El maestro empieza a sentirse desbordado como fuente de autoridad y de conocimientos frente a un alumno cada día más desafiante. El resultado es que el 25% de los 600.000 profesores de primaria y secundaria que hay en la enseñanza pública española toma una baja oficial o circunstancial cada año, según el estudio más completo que se ha hecho hasta ahora en España, elaborado por Comisiones Obreras en 17.157 centros públicos no universitarios de todo el Estado; apenas un 3% de éstas se justifica en el estrés. Pero los expertos saben que son problemas asociados a este síndrome muchas de las dolencias de garganta, digestivas o músculo-esqueléticas que padecen. Ocho de cada 10 docentes señalan los problemas psicológicos como el mayor riesgo de su actividad.

Aún está recuperándose del trago un profesor de una escuela-taller del Ayuntamiento de Madrid al que seis alumnos acorralaron en su despacho, amenazaron con un palo y destrozaron sus pertenencias por haber expulsado de clase a uno de ellos. El fiscal ha pedido esta semana dos años de cárcel para cada uno de los seis jóvenes agresores.

De la misma manera se recupera, despacio, tras una baja laboral por depresión, una docente de secundaria madrileña que resume en su relato el efecto de la indisciplina en su autoestima: "Hay clases en las que no existes. Antes podía haber un alumno conflictivo, o dos. Ahora tienes a toda la clase en tu contra cuando tomas alguna medida. El año pasado ya no pude más", relata desahogándose. "Cuando intentaba expulsar a un chico, tranquilamente me decía que no, que no se iba. Y allí se quedaba sin que yo pudiera hacer nada. Llamaba a su padre y la respuesta era siempre la misma: "Ojo, mi hijo es de notable y de sobresaliente. Tenga cuidado con lo que hace con él". A ésto yo sólo podía contestarle que hablara con él y le explicara para qué se viene al instituto".

Obligados hasta los 16

La tarea no es fácil, ni para el padre, ni para ella, reconoce esta profesora de idiomas de 54 años. "¿Cómo convenzo yo a un niño de que aprenda inglés si me dice que va a ser albañil y que viene a clase porque le obligan?". La falta de motivación de algunos alumnos obligados por ley a estudiar hasta los 16 años es un argumento constante entre los profesionales.

El estudio de CC OO revela que son las mujeres las más afectadas por las bajas en el ámbito escolar. "Pero que a nadie le extrañe", apunta Blanca García, miembro de la Asociación Española de Profesores de Secundaria. "No es que seamos más frágiles. Es que con un tío cuadrado que les hace frente no se atreven y con nosotras sí".

Las autoridades educativas dicen ser conscientes de esta situación. "Hay un desajuste entre las demandas sociales y los apoyos que pide el profesorado. La escuela da mucho de sí, pero se le está exigiendo demasiado", admite José Luis Mira, director general de Educación, Formación Profesional e Innovación Educativa. En aras de "mejorar la calidad de la enseñanza" y de "dignificar la profesión docente", Mira recuerda que la ministra de Educación ya anunció un plan de calidad "que podría estar listo a lo largo del próximo año".

Docentes y familias van más allá en el planteamiento del debate. Entienden que el propio modelo educativo está a punto de sucumbir ante los cambios sociales. En el Reino Unido apenas quedan profesores nativos; tienen que contratarlos en Australia o Nueva Zelanda. En Holanda, algún centro se ha planteado reducir el período lectivo semanal a cuatro días ante la ausencia de enseñantes. En España, pocos tienen hoy la vocación de partirse el pecho por un alumno que llega a la escuela sin apenas normas inculcadas en la familia, obligado por ley a estudiar hasta los 16 años aunque no le interese, o en otros casos, con una conexión a Internet en casa que le permite, si quiere, corregir a su profesor en plena clase. El sueldo nunca fue una compensación como bien recoge el refranero.

Éstas son las circunstancias que descolocan hoy a los enseñantes, coinciden ellos en señalar. El cansancio y la pérdida de autoridad llevan a muchos a la consulta de psiquiatra. Sin ir tan lejos, acusan un tipo de estrés que ya ha sido bautizado en todo el mundo como el síndrome del *burn out*, o del maestro quemado, caracterizado por un cansancio físico y psicológico que les dificulta desempeñar su tarea.

Tras 24 años de ejercicio, una profesora de 57 años compara su baja por depresión con el de un caído en combate: "Como yo, muchos maestros se van quedando en el camino", dice. "No podía conseguir que aquello pareciera una clase. Tenía que ponerme rígida como un sargento y hacer un esfuerzo sobrehumano para que me escucharan".

La crisis comenzó cuando empezó a trabajar en un colegio de la localidad barcelonesa de Hospitalet, con un tipo de alumnos procedentes de un medio social conflictivo. El primer indicio de que algo andaba mal fue la sensación de profunda ansiedad, cansancio físico y nerviosismo. "No podía dominar la situación ni a los alumnos. En algunas clases de tercero y cuarto de la ESO (enseñanza secundaria obligatoria) hay chavales que tienen dificultad para leer y escribir; otros que rechazan la idea de estudiar y no tienen hábitos de estudio. Si en un aula coincide una mayoría de alumnos que no está motivada, la clase se transforma en una pantomima".

Matonismo

En el colegio donde ejerce esta docente hubo ocho bajas laborales por estrés en un año, cuenta una de sus colegas, profesora de Arte. "He visto a chicos que tratan a sus profesores como estúpidos o payasos, o que lanzan sillas por las ventanas. Algunos chavales se niegan a trabajar. Ya nadie quiere ser profesor. Ésta es una profesión muy desprestigiada", lamenta.

El conflicto, al parecer, se registra a todos los niveles educativos, públicos y privados; si bien, más acusadamente, en la enseñanza secundaria. "Las causas hay que buscarlas desde la masificación de los institutos hasta en las características de la propia adolescencia", señala Rafael Villanueva, psicopedagogo y uno de los autores del estudio de CC OO. Pero recalca que "uno de los problemas más claros es que hoy se dan unas condiciones sociofamiliares que no propician el esfuerzo mínimo". Y se explica: "Los padres no tienen ni tiempo ni posibilidades de ejercer la capacidad educativa. Como consecuencia, los chicos y las chicas no tienen normas, llegan a la escuela sin normas. No decimos que la familia sea ahora peor; sólo que el trabajo educativo es más complicado", sostiene Villanueva.

Al desinterés por el estudio se une, cuenta el psicopedagogo, un culto al "matonismo", una intimidación entre alumnos, hasta hace poco impensable en España a menos que fuera como un espectáculo televisivo importado. El defensor del Menor de la Comunidad de Madrid, Javier Urra, acaba de solicitar a la Consejería de Educación que frene las extorsiones que sufren algunos alumnos por parte de sus compañeros tras haber recibido varias denuncias al respecto. Que en los colegios falta disciplina lo acaban de reconocer hasta los estudiantes en la encuesta reciente del Instituto de Evaluación y Asesoramiento Educativo (Idea).

A Villanueva le viene a la memoria un trabajo de la Universidad de Comillas en el que una de las cosas que pedían los estudiantes era que el profesor reconociera sus equivocaciones. Se acabó el sistema rígido vertical de transmisión de conocimientos. Los nuevos sistemas de información lo han dinamitado. "Quizá deberíamos replantear la docencia", reflexiona. "Recuperar la figura del profesor como un modelo para entender la vida, insistir en un planteamiento educativo más que como enseñante. Un educador, sobre todo, de la convivencia".

¿Cuál debe ser el papel de la escuela?

Los padres se sienten tan víctimas como los profesores de unas necesidades educativas que desbordan a ambos. Antes la familia tenía más tiempo para inculcar unos criterios y, como subraya Eulalia Vaquero, presidenta de la Confederación Estatal de Asociaciones de Padres de Alumnos (CEAPA), "antes la sociedad tenía unos valores muy homogéneos, que eran más fáciles de transmitir a los hijos". Hoy las cosas son mucho más complejas, y las fuentes de información, inabarcables. "Los roles se transmiten no sólo a través de los padres y maestros, sino también por los medios de comunicación y las nuevas tecnologías. No podemos controlarlo", insiste Vaquero.

Reconoce un cierto desencuentro con los maestros. "Es verdad que cada vez le pedimos más a la escuela. La responsabilizamos de nuestras carencias como padres. Pero hay que pensar que hoy en día es el lugar donde más tiempo pasan los chavales y valdría la pena plantearse una reforma porque no hay marcha atrás en este proceso".

"La escuela", prosigue la representante de los padres, "tiene que responder a las necesidades de la sociedad, no sólo de la familia. Tendrá que asumir otros servicios sin pedir más a los maestros. Y no estamos hablando de aparcamientos de niños, sino de lugares de convivencia. Tiene que haber mucha más implicación social y política con la docencia que se imparte en la escuela. Ya es hora de invertir dinero y tiempo en un debate sobre lo que debe ser la escuela a partir de ahora", invita Eulalia Vaquero, presidenta de la CEAPA.

Ampliación de la lectura

Un 55,8% de los estudiantes de primaria, ESO y bachillerato cree que deberían tomarse medidas disciplinarias más duras en relación con el comportamiento de algunos de sus compañeros. El 57,5% de los encuestados contestó que conocía a compañeros o compañeras que se agredían físicamente, y un 37% afirmó que a su centro acudían chicos de fuera buscando pelea. Las diferencias entre las respuestas de alumnos y alumnas son muy pequeñas en todas las etapas. Casi uno de cada cinco (el 18,3%) de los encuestados afirmó que notaba profesores que tenían miedo a los alumnos. Aunque en general los alumnos están satisfechos con la calidad de la enseñanza que reciben, esta aprobación disminuye con la edad. Los estudiantes de bachillerato son los más críticos. Respecto a las expectativas de los alumnos, un 78,3% espera completar una enseñanza universitaria, un 10,9% que aspira a terminar formación profesional. Tan sólo un 5,4% de los estudiantes se conforma con acabar la ESO. Casi las tres cuartas partes de los alumnos consideran que lo que están estudiando es adecuado para lo que van a necesitar en el futuro. Un porcentaje similar opina que está mejor preparado que sus padres. Sobre los profesores, los estudiantes destacan que quieren que enseñen bien (el 94%) y que tengan una buena relación con ellos (el 80,2%) antes que sepan mucho de su asignatura (el 72,7% lo destaca como un factor de calidad) o que cumplan los programas (el 62,4%). Aquí aparece de nuevo la severidad que muestran los estudiantes: el 70,6% opina que el orden y la disciplina son fundamentales.

—*Más de la mitad de los estudiantes opinan que debe aumentar la disciplina en los centros.*
Emilio de Benito, Madrid, 22 febrero 2000

Los expertos creen que los casos de violencia escolar en España son todavía hechos aislados, pero coinciden en que aumentarán si no se invierte en formar al profesorado para resolver los problemas de convivencia en las aulas. El 4% de los alumnos de secundaria dice haber sufrido agresiones físicas y el 30%, agresiones verbales. La mitad de los alumnos de centros de entornos desfavorecidos ha sufrido algún tipo de agresión.

España sufre menos violencia escolar que los países de su entorno. Tampoco sufre un fenómeno de violencia escolar como el de Francia o EE.UU. (donde algunos institutos han tenido que instalar a sus puertas detectores de armas) aunque que cada vez son más frecuentes las agresiones físicas o verbales de alumnos y sus familiares a profesores, de alumnos entre sí. El 4% de los alumnos reconoce haber sufrido agresiones físicas y el 30%, agresiones verbales o insultos. Otros informes más recientes —centrados en centros de entornos socioeconómicos desfavorecidos— elevan el porcentaje de víctimas de maltratos físicos al 10% de los alumnos de este tipo de entornos, reflejan que en algunos centros la mitad de los menores ha sufrido algún tipo de agresión, y señalan que el 3% de los alumnos tiene comportamientos violentos que requieren atención urgente.

También hay consenso en que las dificultades crecientes que encuentran los profesores para dar clase (ante el desinterés y la indisciplina de muchos alumnos) y el aumento del fracaso escolar hechos interrelacionados con la violencia que dificultan la convivencia.

Según los expertos, los adolescentes han aprendido que el autoritarismo ya no funciona y que el problema es que son conscientes de sus derechos, pero aún no lo son de sus deberes. El autoritarismo no ha sido sustituido por la autoridad democrática, sino por el *laisser faire* (el dejar hacer). Cada vez son más habituales reacciones desaforadas de padres cuando se castiga a sus hijos y algunos padres ejercen de equívocos abogados de sus hijos y reclama "un sistema de sanciones eficaz, que permita enfrentarse directamente con los chavales más chulos y tiranos".

—*Los expertos piden que los maestros se formen para atajar la violencia escolar.*
Juan J. Gómez, Madrid, 9 abril 2001

La segregación de alumnos por sexo en colegios vinculados al Opus Dei ha sido duramente criticada por juristas expertos en derecho constitucional y ha causado estupor y rechazo en el mundo educativo. El Tribunal considera inconstitucional que colegios financiados con fondos públicos admitan sólo niños o niñas, algo que según los juristas consultados es contrario al principio de no discriminación por razones de sexo que recoge la Constitución. Sin embargo "el hecho de que en un centro docente se impartan enseñanzas sólo a niños o sólo a niñas no puede considerarse que suponga una discriminación por razones de sexo desde el momento en que los padres o tutores pueden elegir entre los diversos centros existentes en un determinado territorio". El decreto de 1997 que regula la elección de centros educativos "establece que en la admisión de alumnos no podrá establecerse discriminación alguna por razones ideológicas, religiosas, morales, sociales, de raza o de nacimiento, sin hacer referencia alguna al sexo".

—*Los expertos tildan de inconstitucional la separación de alumnos por sexo.*
Susana Pérez de Pablos, Madrid, 6 marzo 2000

Muchos hombres y pocas mujeres aparecen en los libros de texto. Ellos son científicos; ellas, madres. Los textos actuales siguen ofreciendo una imagen distorsionada del equilibrio de sexos en la sociedad y la caracterización de cada uno de ellos. Las conclusiones reflejan que tres de cada cuatro personajes (75%) que aparecen en ellos son hombres. En el caso de personas reconocidas por su aportación a la historia, la cifra asciende al 95%. Los hombres desarrollan 344 profesiones distintas, y las mujeres, 94, y ellos suelen tener trabajos relacionados con el poder y la creación artística o cultural, mientras que ellas hacen de madre, artista, diosa o sacerdotisa. Las editoriales niegan que exista discriminación intencionada en estas obras y aluden al equilibrio de sexo entre autores y editores para negar las acusaciones. Afirman que hay un equilibrio entre autores y autoras y que la mayoría del personal editor es femenino, muy relacionado con la pedagogía y experiencia suficiente en las aulas. Si la autoría está más equilibrada, surge la duda de por qué el producto final no va en la misma dirección.

—El 75% de los personajes de los libros
de texto de secundaria son masculinos.
Javier Arroyo, Sevilla, 16 octubre 2000

Los estudios sobre rendimientos académicos demuestran la influencia del contexto sociocultural en los resultados al comparar las puntuaciones con el nivel de los estudios de los padres. Así se puede comprobar que hay una diferencia media de 14 puntos en los resultados de matemáticas, conocimiento del medio y lengua y literatura entre los escolares que proceden de familias sin estudios y los que pertenecen a familias con estudios universitarios. Los estudiantes de los centros públicos obtienen mejores resultados que los de los centros privados.

—El nivel cultural de las familias provoca
diferencias de 14 puntos entre los alumnos.
Susana Pérez de Pablos, Madrid, 14 febrero 2000

El Gobierno planea imponer a las comunidades los contenidos que se deben estudiar en cada curso de la Educación Secundaria Obligatoria (ESO) limitando su actual libertad para distribuir el currículo según los criterios y necesidades de cada autonomía. Las comunidades podrían considerar la introducción de esta medida como una invasión de sus propias competencias y una pérdida de la confianza en su capacidad de organizar el currículo.

—El Gobierno quiere imponer a las comunidades
los contenidos de cada curso de la ESO.
Susana Pérez de Pablos, Madrid, 26 octubre 2000

La diversidad étnica de las escuelas españolas continúa poniendo a prueba su capacidad de integración de minorías. El absentismo escolar afecta todavía a 120.000 estudiantes gitanos (es decir, el 66% de ellos), la mitad de los cuales casi nunca pisa un aula, según asociaciones de gitanos. La inmigración incrementa aún más la multiculturalidad. Sólo de 1992 a 1996, el alumnado inmigrante en España pasó de 39.999 a 61.000, de los que había 6.000 africanos en 1992 y 14.000 en 1996. Los representantes de la comunidad educativa y de esos colectivos minoritarios, como las asociaciones de gitanos, destacan que no hay profesores en los centros con la formación adecuada para enseñar a estas minorías y que las administraciones no han promovido iniciativas, como campañas o programas, encaminadas a informar sobre estas culturas y a normalizar la convivencia. Al preguntar a los escolares de 13 a 17 años por su actitud hacia las minorías manifiestan su mayor rechazo hacia los gitanos, seguido de los magrebíes, negros, asiáticos y judíos. El 27% de los escolares decía que expulsaría a los gitanos de España y el 24%, a los árabes. El 40% de los españoles adultos se declaraba algo racista, y el 18%, bastante o muy racista.

—*El absentismo escolar afecta al 66% de los 180.000 estudiantes gitanos españoles.*
Susana Pérez de Pablos, Madrid, 22 mayo 2000

Vocabulario

acorralar	to entrap
albañil	bricklayer
(en) aras de	for the sake of
asesoramiento	advice
baja oficial	leave of absence
carencia	shortfall
chaval	youth; kid
chulo	bold; outspoken; villainous
como bien recoge el refranero	as the saying goes
Consejería de Educación	Education Council
dar mucho de sí	to give much of oneself
desafiante	challenging
desaforado	outrageous
desahogar	to get something off one's chest
desajuste	inconsistency
desbordado	overwhelmed
desempeñar	to carry out
desencuentro	failure to meet up
despacho	office; dispatch
docencia	teaching
docente	teacher
enseñante	teacher

fuente	source
hacer mella en	to make an impression on
impartirse	to convey; to impart
inabarcable	limitless
inculcar	to impress upon
lamentar	to lament; to complain
matonismo	bullying
no hay marcha atrás	there is no going back
norma inculcada	instilled value
(ser de) notable y de sobresaliente	to be an "A" student
padecer	to suffer from
payaso	clown
propiciar	to create a favorable atmosphere for something
proseguir	to continue
psicopedagogo	professor of educational pyschology
quemado	(in context) burned out
recalcar	to emphasize
rechazar	to reject
reconocer sus equivocaciones	to admit his mistakes
replantear	to reconsider
subrayar	to underline
sucumbir	to succumb/to give in
tío cuadrado	tough guy
tragar	to swallow, to drink
trago (amargo)	misfortune
trastorno	disorder; disturbance

Preguntas sobre la lectura

1. ¿Cuáles son los trastornos más relacionados con la profesión de maestro?
2. ¿En qué resultan estos trastornos?
3. ¿Qué datos se muestran?
4. ¿Qué le ocurrió a un profesor del ayuntamiento de Madrid?
5. ¿Afecta igual a maestros que a maestras?
6. ¿Qué responden las autoridades educativas?
7. ¿Qué problema tiene el modelo educativo?
8. ¿Cuál es el síndrome del maestro quemado?
9. ¿En qué situación está la profesora de 57 años?

10. ¿Qué señala Villanueva?
11. ¿Por qué padres y maestros piensan que ha llegado la hora de reconsiderar la función de la escuela?
12. ¿Cuál es el mayor riesgo de la enseñanza?
13. ¿Hasta qué edad se obliga a los estudiantes a estudiar?
14. ¿Qué les falta a muchos estudiantes que no quieren aprender?
15. ¿Qué opiniones muestran los estudiantes?
16. ¿Qué expectativas tienen?
17. ¿Qué creen los expertos de la violencia estudiantil? ¿Qué porcentajes se menciona al respecto?
18. ¿Qué hechos se relacionan con la violencia?
19. ¿A qué se ha cambiado el autoritarismo?
20. ¿Cuál es la situación de la segregación de alumnos por sexo en ciertos colegios? ¿Es o no es discriminación?
21. ¿Cómo están representados los hombres y las mujeres en los libros de texto?
22. ¿Qué influencia tiene el contexto sociocultural en el rendimiento académico?
23. ¿Qué planea el gobierno en cuanto a los contenidos de la ESO?
24. ¿Qué se menciona sobre la diversidad étnica en las escuelas?
25. ¿Por qué son las mujeres las más afectadas por las bajas en el ámbito escolar?
26. ¿Cuáles son algunas de las desventajas de la enseñanza de hoy día?
27. ¿Qué es el "matonismo"?
28. ¿Por qué se dice que los estudiantes de hoy no tienen valores?

Más allá de la lectura

1. ¿Cuándo Ud. era estudiante de la escuela secundaria, qué tipos de problemas existían en su escuela?
2. ¿Cuáles deben ser las responsabilidades de la escuela pública?
3. ¿Qué se debe hacer para eliminar o minimizar problemas como el matonismo?
4. ¿Qué se puede hacer para prevenir que los maestros se sientan quemados?
5. ¿Cuáles son las cualidades de un buen maestro?
6. ¿Qué factores afectan la calidad de una clase y el aprendizaje?
7. ¿Por qué existe tanta violencia en las escuelas en EE.UU.?
8. ¿Ha cambiado la enseñanza actual de la que recibían sus abuelos? ¿Sus padres?
9. ¿Qué soluciones propone Ud. para reducir la violencia?

10. ¿Debe la enseñanza ser obligatoria hasta los 16 años?
11. ¿Cree Ud. que es más fácil ser maestro ahora que antes? ¿Ser estudiante?
12. ¿Cómo se puede dignificar y represtigiar la profesión de maestro?
13. ¿Cuál debe ser el papel de la escuela? ¿De los padres?
14. ¿La violencia es heredada o aprendida? Explique.
15. ¿Qué funciona mejor: el autoritarismo o el dejar hacer?
16. ¿Es discriminación la separación por sexo?
17. ¿Es más valiosa la diversidad étnica o la integración y asimilación?

22

"Lo queremos todo"
Un estudio destaca que las mujeres urbanas de 25 a 35 años luchan ahora por afianzar las conquistas de sus madres

Emilio de Benito, Madrid, 30 noviembre 2000

Independencia económica y autonomía personal, trabajo, buena imagen, pareja, maternidad y vida sexual. Las mujeres de entre 25 y 35 años de clase media urbana lo quieren todo, y dedican su esfuerzo en compatibilizar todas estas aspiraciones. Una ambición que a veces crea frustración, según el libro *Las mujeres jóvenes en España* presentado ayer por la Fundación La Caixa y dirigido por la catedrática de sociología Inés Alberdi. Como recoge un testimonio del informe: "No puedes ser un 10 en todo. Yo me conformo con ser un 7".

La amplitud de metas afecta a lo que el texto llama "un yo polifacético y versátil". Un aspecto que se opone, dicen las autoras, a unas identidades definidas no como mujeres, sino como "madre de", "esposa de" o "amante de". Pese a ello, el estudio recoge numerosas menciones y comparaciones con la identidad masculina: "Me gusta la idea de tener varias parcelas de las que se nutre mi vida... los hombres sólo tienen una"; "los hombres son más planos"; o, más tajante: los hombres "son la distancia más corta entre dos puntos".

Pero pese a su avance, las mujeres "no conciben, ni desean, una generación de hombres débiles", y les da miedo la inversión de papeles, afirma el estudio: "Vamos a crear hombres bebés, que ya lo son, y encima dependientes", dice una de las encuestadas.

Las mujeres jóvenes "están capitalizando los beneficios" de lo conseguido por sus madres, señala Pilar Escario, psicóloga y coautora del trabajo. Escario resalta la "falta de grandes objetivos" entre las entrevistadas.

"Muchas de ellas incluso rechazan el feminismo. En ningún caso hemos oído propuestas de cambiar el mundo, como las que hacíamos las feministas hace años", destaca la psicóloga. "Intentan llevar a sus vidas los derechos que sus madres consiguieron, pero no pudieron realizar en sus casas", señala Alberdi.

En la misma línea, Natalia Matas, colaboradora de las anteriores, resalta uno de los comentarios recogidos en el libro: "Es lo que nos faltaba. Además, tener que tener objetivos". Un "además" que se refiere a la lucha para conseguir sus nuevas metas: rechazo del estereotipo de mujer dependiente del hombre y centrada en el hogar; búsqueda de la independencia como un objetivo indiscutible; conquista de la autonomía en sus relaciones, tanto de amistad como de pareja. Y tienen muchas quejas que plantear, tanto a la sociedad como a sus parejas masculinas —"los hombres no se implican en el cuidado de los hijos"—, dice el informe.

El alejamiento de las posturas maternas es claro en el aspecto sexual. "Las relaciones se han desdramatizado, son más libres y con menos compromisos", sostienen las investigadoras. Aun así, "las relaciones de pareja son algo fundamental e importantísimo, pero se configuran de forma diversa". Por eso, "es muy frecuente tener pareja viviendo cada uno en casa de los padres, lo que les permite ser muy independientes en su vida cotidiana", afirman.

En contra de lo que podría deducirse de la baja natalidad española, "la maternidad sigue teniendo un valor muy elevado", señala Alberdi, pero es muy difícil de compatibilizar con el trabajo. Por eso, las mujeres deciden que con tener sólo un hijo "ya han tenido una experiencia suficiente de maternidad".

El estudio se ha realizado mediante entrevistas a 64 mujeres "representativas" de Madrid y Barcelona, y es un indicador de las tendencias de un grupo que es la "avanzadilla de los cambios y transformaciones de que se podrán beneficiar más tarde el colectivo femenino": una generación "poco reivindicativa", con un "perfil de seguridad y moderación", consciente del gran avance que han protagonizado respecto a sus madres y que saben que son "un modelo de transición hacia un modelo nuevo".

Ampliación de la lectura

En 1984 se decretó la Eliminación de las formas de Discriminación contra la Mujer, la cual dice que se "tomarán todas las medidas apropiadas para eliminar la discriminación contra la mujer, a fin de asegurarle la igualdad de derechos con el hombre en la esfera de la educación", y establece "la eliminación de todo concepto estereotipado de los papeles masculino y femenino en todos los niveles y en todas las formas de enseñanza mediante el estímulo de la educación mixta".

—Los expertos tildan de inconstitucional
la separación de alumnos por sexo.
Susana Pérez de Pablos, Madrid, 6 marzo 2000

Las mujeres dirigen un 31% de las empresas españolas según los datos del ministro de Trabajo y pronto se espera llegar al 40%. En la inauguración de la II Conferencia Europea de Mujeres Empresarias, el ministro de Trabajo español señaló que estos datos permiten ser optimistas respecto a la consecución de la verdadera igualdad. Señaló también que, aunque la tasa de desempleo es mayor entre las mujeres que entre los hombres, también los ritmos de creación de empleo femenino son superiores. Recordó que, de los más de dos millones de puestos creados en los últimos años, más de la mitad han sido para mujeres.
—*Ejecutivas españolas dirigen el 31% de las empresas, según Trabajo.*
EFE, El País, Madrid, 8 octubre 2000

En las Cortes valencianas, el 38% de los diputados son mujeres.
—*Los socialistas proponen cuatro semanas de baja por paternidad.*
Gabriela Cañas, Madrid, 17 junio 2000

La juventud española cree que la mujer es mejor que el hombre. Las mujeres son más detallistas y tienen más sensatez. Sobresalen también en paciencia, constancia, intuición e iniciativa. Los hombres sobresalen en autoridad y capacidad de lucha.
—*La juventud española otorga más cualidades a la mujer que al hombre.*
Juan J. Gómez, Madrid, 17 noviembre 1999

Más de 200 mujeres españolas sin pareja han optado por la inseminación artificial en los últimos cinco años. La inseminación artificial está regulada desde 1988 (antes solamente se usaba como tratamiento contra la infertilidad) para que las mujeres sin pareja tengan la oportunidad de la maternidad. Dicha regulación reconoce el derecho de toda mujer sola a la maternidad y a formar su propio tipo de familia, pero no puede acceder a la cobertura de la sanidad pública y debe pagar el coste de la inseminación. Cuesta unas 800.000 pesetas, hay 13 bancos de semen y 14 centros para realizar dichas inseminaciones. Esta opción de maternidad continúa en aumento.
—*Hijos, sí; maridos, no.*
Camino Jimeno, Pamplona, 13 febrero 2000

La ministra de Sanidad dijo que el PP (partido del gobierno) tiene mujeres "espléndidas" para ser candidatas a la Presidencia del

Gobierno, pero es todavía poco probable que ocurra porque "España aún no confiaría plenamente en una mujer" como presidenta. La ministra añadió que este hecho le da "rabia" pero lo justificó porque en España "queda mucho camino por andar". La secretaria de Igualdad del PSOE lamentó este "flaco favor" a las mujeres de la ministra de Sanidad y sugirió que quizá piense "que ninguna mujer del PP vale para presidenta".

—*Villalobos dice que España no está preparada para tener una mujer como presidenta.*
EFE, Madrid, 14 marzo 2001

El divorcio cumple 20 años y bate récords. Desde que, el 22 de junio de 1981, el Parlamento aprobara una ley polémica, más de un millón de matrimonios han acudido a los tribunales. Casi 700.000 han logrado la separación (paso imprescindible para el divorcio) y cerca de medio millón han obtenido la disolución definitiva, según los datos oficiales que llegan hasta 1999. El ritmo crece y ya ronda las 100.000 sentencias anuales. Con todo, los españoles se divorcian menos que los europeos (la mitad de la media de la UE). El aumento de las fracturas y de las uniones de hecho impulsa nuevos tipos de hogares, como los monoparentales y los reconstituidos, a veces con hijos procedentes de distintas uniones.

"El divorcio ha facilitado la normalización de estructuras familiares que ya existían antes de la legalización", explica la catedrática de Sociología Inés Alberdi, autora del libro *La nueva familia española*. "Ahora, al aumentar las rupturas, proliferan esos hogares distintos", afirma. "Se trata de los monoparentales, encabezados por sólo un adulto y los reconstituidos. Los dos empiezan a considerarse normales", detalla Alberdi.

Con sus afectos o desencuentros, los niños van y vienen, a veces víctimas del desacuerdo entre los padres. Muchos transitan por las dos caras de una misma moneda: de la familia reconstituida a la monoparental, casi siempre encabezada por la madre. Aunque no hay datos específicos, los expertos aseguran que los padres inician segundas uniones en mucha mayor medida que las madres. Éstas obtienen, casi siempre, la custodia de los niños. "El 80% de los padres no la pide", matiza Pérez del Campo. De hecho, de los 265.500 hogares con hijos encabezados por un solo adulto en España (el total de hogares con niños supera los dos millones), casi nueve de cada diez están dirigidos por mujeres. Más de la mitad están separadas o divorciadas.

Ser cabeza de familia en solitario (los jueces suelen establecer la patria potestad compartida y la custodia sólo a un cónyuge, que se queda en el domicilio familiar) supone "una responsabilidad enorme, muy superior a la de la otra persona", explica Rosa. Además, casi siempre obliga a apretarse el cinturón: disminuyen los ingresos. "Las mujeres solas al frente del hogar ya no estamos mal vistas, pero a veces estamos bajo sospecha", añade.

También surgen hogares monoparentales ajenos a las rupturas o la viudedad. Generalmente, se trata de mujeres sin pareja que optan por tener un hijo. Como Amparo, una profesional soltera de 46 años madre de una niña de seis. Su modelo escasea. Según el Instituto de la Mujer, en España hay 27.600 hogares con niños encabezados por solteras y 600 dirigidos por hombres en esa situación. La estadística no detalla cuantos son fruto de una postura como la de Amparo.

En cambio, abundan mucho más otros hogares de nuevo cuño, los de las parejas de hecho. Según una reciente encuesta del Centro de Investigaciones Sociológicas (CIS), el 56,7% de la población considera positivo o muy positivo el aumento de las parejas que conviven sin haberse casado. Dos de cada 10 las rechazan, una proporción algo superior a la de quienes las ven con indiferencia.

—*El nuevo perfil de la familia.*
Charo Nogueira, Madrid, 17 junio 2001

Las separaciones y los divorcios han aumentado el 66% en los últimos diez años. Las separaciones y los divorcios aumentan con un ritmo sostenido desde la legalización de las disoluciones matrimoniales, hace veinte años. Los expertos prevén un alza continua, debida en gran medida al cambio en la filosofía del matrimonio.

Un rasgo destacable es el incremento de las rupturas de mutuo acuerdo. Son mayoría en las separaciones y acortan distancias en los divorcios. "Con frecuencia se recurre a esa vía por desconfianza hacia la justicia, por acelerar el proceso o gracias al trabajo de los letrados", explica Luis Zarraluqui, presidente de la Asociación Española de Abogados de Familia. "En el mejor de los casos, con mutuo acuerdo es posible lograr la separación y el divorcio en 14 meses. Sin él, el proceso puede demorar hasta siete años en los supuestos más difíciles", detalla.

Tanto los abogados de familia como al menos dos asociaciones de separados están a favor de una reforma legislativa que permita solicitar el divorcio sin tener que pasar previamente por la separación. Hay quien añade la petición de un fondo público que abone las pensiones de los padres o madres morosos y se las reclame posteriormente. "En las profesiones liberales, el 80% de los padres separados o divorciados no abona la pensión de sus hijos. Entre los que disponen de nómina, el 67% la tiene embargada para garantizar el pago", asegura la presidenta de la Asociación de Mujeres Separadas y Divorciadas, Ana María Pérez del Campo. "El impago debería castigarse con la cárcel", sostiene el responsable de la Asociación de Padres Separados, Carlos Herraiz.

—<i>Abogados y asociaciones piden reformas que
aceleren la disolución del matrimonio.</i>
Charo Nogueira, Madrid, 17 junio 2001

Vocabulario

abonar	to pay installments
acudir a	to resort to
afianzar	to strengthen
alejamiento	distancing
avanzadilla	front line
cárcel	prison; jail
catedrático	tenured professor
cuño	style, type
embargado	garnished (wages); restrained
encuesta	survey
entrevistado	interviewed (person)
impago	non-payment
imprescindible	indispensable
indiscutible	unarguable
"lo queremos todo"	we want it all
moroso	tardy
mutuo acuerdo	mutual agreement
nómina	payroll; regular paycheck
(se) nutre mi vida	my life enriches itself
patria potestad	legal guardianship
pensión de sus hijos	child support
perfil	feature; characteristic
pese a	in spite of
quejas que plantear	complaints to make
rechazar	to reject
resaltar	to point out
señalar	to point out; indicate
sostener	to insist; maintain; sustain
tajante	cutting; emphatic
viudedad	widowhood

"Lo queremos todo" 163

Preguntas sobre la lectura

1. ¿A quiénes entrevistaron?
2. ¿Cuáles son algunas metas que quieren las mujeres?
3. ¿Por qué crea frustración la meta de querer tenerlo todo? ¿En qué resulta esa amplitud de metas?
4. ¿Cómo desean las mujeres entrevistadas que sean los hombres?
5. ¿Qué diferencias existen entre las mujeres entrevistadas y las feministas de antes?
6. ¿Cuáles son las nuevas metas de las mujeres según Natalia Matas?
7. ¿Qué señalan Escario, Alberdi y Matas?
8. ¿Qué dicen las investigadoras del aspecto sexual?
9. ¿Qué señala Alberdi de la maternidad?
10. ¿Qué cambios y transformaciones se produjeron en esta generación de mujeres?
11. ¿Qué se menciona de los jóvenes españoles?
12. ¿Qué se dice de sus creencias religiosas? ¿De su natalidad? ¿De como viven? ¿De sus actividades?

Más allá de la lectura

1. ¿Cómo se puede compaginar el éxito profesional con la vida familiar?
2. ¿Cómo ha cambiado la vida de la mujer promedia en el último siglo?
3. ¿Qué puede hacer la mujer hoy en día que no podía hacer hace 100 años? ¿75 años? ¿25 años?
4. ¿Qué sabe Ud. de la historia de los movimientos para los derechos de las mujeres?
5. ¿Cuáles son las expectativas de la sociedad de la mujer actual?
6. ¿Cómo ha afectado a la sociedad la participación de tantas mujeres en el mundo laboral?
7. ¿Cuántos hijos desea tener Ud.?
8. ¿Es posible "tenerlo todo"?
9. ¿Cuáles son algunos de los desafíos a los que una madre que trabaja tiene que enfrentarse?
10. ¿Qué cambios han habido en los últimos años en el matrimonio y la vida familiar?
11. ¿Qué prejuicios hay en este país con respecto a la custodia de hijos? ¿En qué se diferencia de España?
12. ¿Cómo ve Ud. la decisión de optar por tener un hijo sin tener pareja?

23

Los hogares españoles son de los más deficientes y peor equipados de la UE

La mitad de familias carece de medios para tener una calefacción adecuada, según el INE

Emilio de Benito, Madrid, 8 enero 2001

Los ruidos y la delincuencia son los principales problemas de los hogares europeos, según el Panel de Hogares de la UE, cuyos datos españoles ha recopilado el Instituto Nacional de Estadística (INE). Los españoles son los que más sufren la contaminación acústica; los británicos, la delincuencia, y los italianos, los problemas medioambientales, de acuerdo con el informe. En dos países comunitarios, España y Grecia, más de la mitad de las familias no pueden permitirse tener una calefacción adecuada. En general, los hogares de los países del sur son los que están peor equipados.

La convergencia europea tiene un menor reflejo en el día a día que en las variables macroeconómicas. Dentro de un año, el euro será la moneda común a todos los países, pero sus modos de vida continuarán siendo muy diferentes, según recoge el Panel de Hogares de la Unión Europea. Esta encuesta se realiza anualmente en 70.000 hogares de 13 países comunitarios (todos menos Finlandia y Suecia). En 1996, el cuestionario fue contestado por 8.000 hogares españoles y los datos fueron procesados por el Instituto Nacional de Estadística (INE). Sus resultados se refieren a la estructura de los hogares, sus habitantes, niveles de renta, instalaciones y estado sanitario.

El hogar español medio es de los más poblados de la UE (lo habitan más de tres personas) y está mayoritariamente formado por una pareja con sus hijos que viven en un edificio con más de 10 viviendas. Cuatro de cada cinco pisos pertenecen en propiedad a las familias. Según el estudio, el promedio europeo es superior a los datos de España en casas vacías, proporción de hogares de una o dos personas y número de alquilados. En Europa hay más del doble de personas que viven de alquiler que en España y algo menos de la mitad de los europeos vive en bloques de pisos.

Respecto a principales problemas, los hogares españoles están por encima de la media de la UE en ruidos (los primeros que más los sufren, con más de un 30%), falta de espacio y goteras (los terceros) y luz natural insuficiente (los segundos). También son los terceros que más sufren humedades, problemas medioambientales y delincuencia también. Griegos (los segundos en menos espacio y en goteras, por ejemplo) y portugueses (los que viven en menos espacio y tienen peor iluminación en sus casas) son los que con más frecuencia ocupan los primeros puestos de esta clasificación del mal vivir. Holandeses y luxemburgueses son los que tienen más espacio, mientras que son los irlandeses —los que viven más aislados— los hogares mejor iluminados y los cuartos más silenciosos.

Éstos son los principales datos del informe:

- Equipamiento. Los hogares españoles están por debajo de la media europea en todas las comodidades. Un 69% de los españoles tiene al menos un automóvil (la media europea está en el 72,9%). Por detrás de España en automoción están países menos desarrollados como Grecia y Portugal, pero también otros más avanzados como Holanda y Dinamarca.

- Comodidades. En lo que se refiere a los electrodomésticos menos imprescindibles, como los lavavajillas y los microondas, los hogares españoles están peor surtidos que la media europea. También tienen problemas mayores que la media para renovar parte del mobiliario y para tomar vacaciones de al menos una semana al año.

- Invitaciones. En cambio, los hogares españoles ocupan uno de los cinco primeros lugares de la UE en otros aspectos que pueden considerarse más lúdicos. Así, son los quintos que más se permiten invitar a comer o cenar al menos una vez al mes a amigos o familiares. En esta clasificación, los menos hospitalarios son los griegos, y los que pueden permitirse ser más generosos, los luxemburgueses.

- Asistencia social. El cuidado, aunque sea a tiempo parcial, de otras personas es una actividad importante en la UE. Por término medio, el porcentaje de mujeres que se dedica a ello es el doble que el de hombres (36% frente al 18,4%). Pero no todos los países son iguales de solidarios, sobre todo, en lo que se refiere a la población masculina. En Holanda, el 33,6% de los hombres dedica parte de su tiempo a estas tareas, y en Portugal lo hace el 5,1%, según la encuesta. Los españoles (15%) están muy cerca de la media (el 18,4%). Entre las mujeres hay menos diferencias. El porcentaje oscila entre el 43,6% de las holandesas dedicadas a esta actividad, aunque sea a tiempo parcial, y el 23,8% de las portuguesas. Las españolas (un 34,3%) están también muy cerca, aunque por debajo de la media, que es del 36%.

- Vestuario. También son los de Luxemburgo los que en mayor cantidad de prendas de vestir nuevas pueden comprar (el 95,8%). En España, la renovación del vestuario está al alcance del 90,5%, igual que en Francia. La media europea está en el 85,5%.
- Alimentos. Aunque no hay grandes diferencias, con la excepción de Grecia, los hogares españoles son los terceros en la clasificación de los que pueden permitirse comer carne o pescado al menos cada dos días.
- Trato con los vecinos. Sin invitación de por medio, el 67% de los hogares españoles se relaciona con sus vecinos la mayoría de los días, frente a un 42,6% de media europea. Los más sociables son, según este parámetro, los griegos: las tres cuartas partes de los hogares tienen contacto con sus vecinos casi todos los días. Un 3,1% de los hogares europeos encuestados afirma que no tiene ningún trato con sus vecinos. Los menos sociables son los holandeses: un 12% indica que no ve nunca a quienes viven más cerca de ellos.
- Tipo de vivienda. En este aspecto España es muy diferente a la media. Frente a una media de 21,5% de hogares de la Unión Europea que están en edificios de 10 o más viviendas, el 46,2% de las familias españolas habita en bloques de pisos. En este caso, el bloque de los países del sur se rompe radicalmente. El extremo opuesto al español es el de Irlanda, con sólo el 1,1% de los hogares en edificios de 10 o más viviendas y, en cambio, un 46,1% de ellos en construcciones independientes.
- Tamaño de la vivienda. Vivir en pisos supone tener menos espacio, según la encuesta. Esa falta de espacio es uno de los problemas que sufre el 22% de los hogares españoles (la media de la UE está en el 16,3%). Quienes viven más holgados son los holandeses.
- Propiedad de la vivienda. España también es el país donde está más extendido vivir en casas propiedad de sus habitantes. Sólo el 14,1% de los hogares ocupa una vivienda en régimen de alquiler. La media de la UE es del 35,8%, y en Alemania este porcentaje es del 54,4%.

Los pobres y las mujeres tienen peor salud

A mayores ingresos, mejor es el estado de salud de las personas. En ésto el Panel de Hogares de la Unión Europea confirma los datos de la Organización Mundial de la Salud sobre la relación entre nivel económico y situación sanitaria. El desequilibrio entre ricos y pobres se traduce en desigualdad entre sanos y enfermos también en los países ricos, como los de la UE, sin que la universalización de los sistemas de atención haya corregido esta discriminación.

En España, el 20,3% de los adultos que vivían en 1996 en hogares con ingresos inferiores a las 66.000 pesetas al mes habían acudido a la consulta de atención primaria 10 veces o más. Esta proporción bajaba entre aquellos del tramo superior de renta (los que ingresaban más de 396.000 pesetas) hasta el 5,6%.

La desproporción prosigue si se compara quienes declararon sentirse bien: un 25,6% de los más ricos estaba satisfecho con su salud, el doble que los más pobres (el 12,5%). El 36% de quienes se encuentran por debajo del umbral de la pobreza declararon que su estado era malo o muy malo.

Mejoría en el tiempo

Desde 1994, año en que empezó a realizarse la encuesta, y 1996, último periodo del que se han publicado datos, ha aumentado el porcentaje de españoles que afirman sentirse bien o muy bien de salud. Al principio esta proporción era del 63%. Dos años más tarde, llegaba al 65,9%.

Una constante es que, pese a que disfrutan de una mayor esperanza de vida, las mujeres han sostenido que su salud no es tan buena como la de los hombres. En el último año estudiado, el porcentaje de españolas que afirmaban que su estado era bueno o muy bueno era del 62,8%, y el de los españoles era del 68,3%.

Por países, los adultos españoles son de los que menos acuden al médico general en la UE. Lo hacen el 61,6%, frente a una media del estudio del 73,6%. Los países mediterráneos serían, según esta escala, los más sanos: los que menos acuden son los griegos, seguidos de españoles, portugueses e italianos, aunque estos datos pueden deberse a la calidad del servicio o a la cobertura del sistema sanitario. Los números más elevados corresponden a Bélgica y Austria.

El porcentaje de personas a las que no les basta la consulta de atención primaria y requiere visitar al especialista es de un 42,9% en la UE, una proporción muy similar a la de españoles que acuden al especialista (el 41,2%).

Donde mayores son las diferencias es en la visita anual al dentista. Los cuatro países que menos atención prestan a sus dentaduras son los mediterráneos: Grecia, Portugal, España e Italia. Los que más cuidan su boca, Dinamarca, Alemania y Holanda.

Ampliación de la lectura

Pese a la reducción de los horarios, los trabajadores europeos están sometidos a un ritmo productivo cada vez más intenso y como consecuencia los dolores de espalda, el estrés, la fatiga general y migrañas son los grandes males de los trabajadores, cuyas condiciones laborales continúan empeorando. En ciertos aspectos, la situación laboral de los españoles es más dramática que la del resto de los europeos. Si uno de cada tres se queja de dolor de espalda, en España la proporción se acerca a la mitad (el 43%). España es uno de los países que soporta un mayor coste laboral debido a los dolores de espalda, los cuales provocan medio millón de bajas anuales. También el cansancio general debido a la actividad laboral es más acusado y el nivel de estrés se ajusta a la media a pesar de que en España no ha aumentado la intensidad o el ritmo del trabajo. De la misma forma, la percepción de que se corren más riesgos de salud es mucho más elevada en España (41%) que la media europea (27%). Como datos positivos, la presión externa de los trabajadores españoles por parte de sus clientes es menor que la que sufre el resto de los europeos. También muestran que España está a la cabeza en la UE de la siniestralidad laboral.

—*Un estudio advierte del aumento de las enfermedades laborales en la UE.*
Gabriela Cañas, Bruselas, 26 diciembre 2000

Vocabulario

acudir a	to have recourse to
alquilado	rented
baja (laboral)	employment layoff or leave
bastar	to suffice
calefacción	central heating
cobertura	coverage
comodidades	amenities
contaminación	pollution
electrodomésticos	appliances
goteras	leaks
holgado	well-to-do
humedad	dampness
imprescindible	essential; indispensable
ingreso	income
lavavajillas	dishwasher
lúdico	inviting; playful
medioambiental	environmental
mobiliario	furniture; furnishings
piso	apartment; floor (of a building)
prenda	garment
puesto	place; position

recopilar	to gather
ruido	noise
siniestralidad laboral	accident rate on the job
umbral de la pobreza	poverty line
vestuario	wardrobe
vivienda	dwelling

Preguntas sobre la lectura

1. ¿Cuáles son los mayores problemas de los hogares europeos?
2. ¿Cómo es el hogar medio español? ¿Cuáles son sus problemas?
3. ¿De qué sufren más los españoles? ¿Los ingleses? ¿Los italianos?
4. ¿Qué es inadecuado en los hogares españoles?
5. ¿Cómo son sus equipamientos? ¿Sus comodidades? ¿Su hospitalidad?
6. ¿Cómo es la asistencia social en España?
7. ¿Hay diferencias en el vestir?
8. ¿Cómo se puede describir su base de alimentación?
9. ¿Cómo es la relación con la vecindad?
10. ¿Cómo es la vivienda española?
11. ¿Cómo se relaciona la pobreza con la salud?
12. ¿Qué diferencia hay entre la salud de hombres y mujeres?
13. ¿Qué uso se hace en la UE de los médicos?
14. ¿De que sufren los trabajadores europeos?
15. ¿Cómo se comparan los españoles? ¿En qué se diferencian de los otros europeos?

Más allá de la lectura

1. ¿Qué relación hay entre cultura y tipos de hogar?
2. ¿Cómo es su casa?
3. ¿Cómo afecta la sociabilidad al tipo de hogar?
4. ¿Es mejor vivir en una casa o en un piso?
5. ¿Cómo afecta el clima al tipo de vivienda?
6. ¿Qué diferencias hay entre el norte y el sur de EE.UU.?
7. ¿Son los hogares en EE.UU. como los ingleses? ¿Como los españoles?
8. ¿Los trabajadores españoles se quejan más que los estadounidenses? ¿Trabajan más? Explique.

24

La mitad de los españoles cree que la sociedad es "bastante" racista

El 63% de los españoles asegura que su situación económica es peor que hace un año

El Gobierno cree que "se puede decir que los españoles son felices"

El País, Madrid, 25 enero 2001

El Barómetro de Opinión publicado hoy por el Centro de Investigaciones Sociológicas (CIS) reconoce que la mitad de los ciudadanos (49,4%) cree que la sociedad española es "bastante" o "muy" racista, y un porcentaje similar (48,6%) admite ser "poco" o "nada" tolerante con las costumbres de los extranjeros o de otros grupos étnicos.

El Gobierno admite que esa intolerancia ha aumentado casi 15 puntos en los últimos siete años, pero asegura que se compensa con una paulatina disminución de la percepción de racismo en la sociedad: si en 1994 era el 42% de los españoles los que aseguraban vivir en una sociedad racista, ahora ese porcentaje ha bajado al 31%.

Lo curioso es que, al mismo tiempo, el 51,4% de los españoles aseguran que la sociedad es "bastante" o "muy" tolerante, y uno de cada cinco españoles cree que dentro de cinco años lo será aún más.

Una sociedad poco religiosa, pero conservadora

Los españoles encuestados por el CIS dicen vivir en una sociedad "bastante" o "muy" democrática (64,9%), conservadora (59%) y desarrollada económicamente (59,8%), a la vez que "poco" o "nada" religiosa (60,8%) y conflictiva (48,9%). Para dentro de cinco años, la mayoría de los españoles cree que la sociedad será aún más desarrollada económicamente (43,5%).

Además, la mayoría de los españoles se muestra bastante o muy tolerante con las relaciones sexuales antes del matrimonio (76,1%), pero poco o nada tolerante con el consumo de drogas ilegales (56,1%), con el aborto (49,3%), y, en menor medida, con la homosexualidad (47,4%).

Cuando se pregunta a los españoles por su situación personal, se obtiene el dato más elevado desde el año 1987, ya que el 63% de los encuestados asegura que las cosas le han ido personalmente durante los años 2000 bien o muy bien y sólo el 11,4% dice haber tenido un año malo o muy malo. En la misma línea, el 45,6% cree que su situación personal mejorará durante el presente año y sólo un 6,4% considera que empeorará.

El Gobierno cree que los españoles son felices

El Barómetro del CIS refleja que el 79% de los españoles está muy o bastante satisfecho con su vida y sólo el 9,6% dice estar bastante o muy insatisfecho. Estos datos, para el secretario de Relaciones con las Cortes, Jorge Fernández Díez, hacen que se pueda "decir que los españoles son felices". "El Gobierno se siente muy satisfecho de que los españoles se sientan felices", ha añadido.

El 44,6% de los españoles asegura que es la salud o forma física lo que les hace sentirse bien, el 30,5% se muestra satisfecho del tiempo libre de que dispone, el 30,4% es feliz por su forma o estilo de vida.

Además, el 23,7% de los encuestados afirma que es el trabajo lo que mayor satisfacción produce. El 22,5% están satisfechos con su vivienda. En resumen, el 79% asegura estar muy o bastante satisfecho con su nivel de vida actual, frente al 20,7% que dice estar poco o nada satisfecho.

En cuanto a las expectativas de futuro, el 43% cree que su vida mejorará y sólo el 6% cree que empeorará. Además, un 23% asegura que su situación económica personal es mejor que hace un año, frente al 63% que dice que es peor y al 12% que asegura que su situación ha empeorado.

El porcentaje es similar si se pregunta por las expectativas de futuro económico, ya que el 31% cree que mejorará su situación económica y el 6,4% considera que irá a peor. El 54,6% cree que se mantendrá como está.

Las perspectivas para el 2001 no difieren mucho de las del año pasado. El 24,7% de los encuestados cree que en el trabajo le irá igual, frente al 14,7% que cree que le irá mejor. En cuanto a los ingresos en el hogar, un 60% dice que seguirán igual, mientras que el 26,6% cree que mejorarán.

Según la encuesta, el 82,8% de los ciudadanos ha ahorrado poco o nada durante el año 2000. Frente a éstos, el 13,8% de los españoles ahorra mucho o bastante. Además, el 51,7% cree que este año ahorrará lo mismo, el 17,1% cree que ahorrará más y el 18,5% admite que ahorrará menos.

Si se pregunta a los españoles por cómo se definen en materia religiosa, el 83,1% asegura ser católico y sólo el 13,1% dice ser no creyente o ateo. Sin embargo, de entre los que dicen ser católicos, sólo el 20,7% aseguran que van a misa casi todos los domingos y festivos y el 42,9% admite no ir casi nunca.

El nuevo siglo

La mayoría de los encuestados opina que durante el siglo que acaba de comenzar el paro será tan importante como hoy (72,3%), que no se reducirá por las nuevas tecnologías (53,5%), que habrá más pobres y marginados (63,3%), y que las mujeres tendrán la misma presencia social que los hombres (59,7%).

A diez años vista, la visión no es muy positiva. La mayoría de los españoles cree que aumentarán problemas como el hambre en los países del Tercer Mundo (51,8%), la probabilidad de conflictos armados en distintas zonas del planeta (45,2%), el crecimiento demográfico en el Tercer Mundo (53,7%) y la contaminación medioambiental (65,8%).

También hay lugar para la esperanza, ya que son muchos los que piensan que en diez años se habrá conseguido curar el cáncer (57,1%), que se habrá descubierto la vacuna contra el SIDA (66,3%) y se habrá reducido la jornada laboral (54,6%).

Los españoles, en su mayoría, dicen desear avances científicos en relación con trasplantes de órganos (72,9%) y con energías no contaminantes, mientras que apuestan por limitar el desarrollo tecnológico en el campo de la energía nuclear (66,5%) y, en menor medida, en ingeniería genética (32,3%).

En la encuesta se revela igualmente que los ciudadanos piensan que la herencia que recibirán las nuevas generaciones en el siglo XXI será negativa en temas como el empleo (52,2%) y en medio ambiente (56,4%), pero positiva en cuestiones como la libertad (75%), solidaridad (67%), calidad de vida (68,8%) o igualdad (62,2%).

Ampliación de la lectura

La gran mayoría de los españoles, concretamente el 83,6%, se definen a sí mismos como católicos y un 2% creyentes de otra religión, frente a un 7% de no creyentes y un 4% de ateos. Sin embargo, el porcentaje de personas que se consideran religiosas baja hasta el 56,3%. Un 30,7% confiesa no serlo. Respetar el espíritu religioso no implica asistir a la iglesia. El 41,9% no asiste a misa casi nunca. El 21% lo hace varias veces al año sin contar bautizos, bodas y funerales. Un 22,2% lo hace casi todos los domingos y el 11 restante varias veces al mes. Cree en Dios el 77,2% frente al 16,9% que no cree. El 7,3% cree algunas veces pero otras no.

—El 83,6% de los españoles se definen a sí mismos como católicos, según el CIS.
El País, Madrid, 13 abril 2000

El 61% de los españoles piensa que la democracia está definitivamente consolidada. Sólo el 20% cree que aún hay algún riesgo de involución y el 19% no sabe o no contesta.

Preguntados por el Ejército, un 55% cree que está homologado con el resto de la sociedad española. Sólo un 14% cree que no y un 31% no sabe o no contesta. En cuanto a los gastos militares, el 35% de los españoles considera que hay que reducirlos, un 31% que hay que mantenerlos y el 9% apuesta por aumentarlos.

—El 61% de los españoles cree que la democracia está consolidada.
El País, Madrid, 20 febrero 2001

España tiene 378 coches por mil habitantes (más que Holanda y Dinamarca y menos que Portugal). Los españoles trabajan menos que los británicos o irlandeses pero más que los italianos. España es el país de Europa donde hay más adultos sin trabajo (sólo el 48% tiene empleo). El 11% de los hijos nacen fuera del matrimonio (en Suecia alcanza el 54% y en Inglaterra el 37%). Los hombres españoles son los más bajitos y más delgados de la UE. Las españolas son más altas que las británicas, se casan más que la media y procrean menos. España se sitúa en la media europea en cuanto al consumo de alcohol y en la cabeza en cuanto al tabaco. Los españoles son bastante felices. Se suicidan poco, al igual que los portugueses e italianos. España es el octavo país más corruptor del mundo. Acostumbran a corromper a funcionarios de países tercermundistas, aunque es menos corrupta que Francia, Japón e Italia. Los más corruptos son los Chinos y Coreanos.

—El español medio es bajito, fumador y razonablemente feliz.
Ignacio Cembrero, Madrid, 31 octubre 1999

El 90% de los universitarios madrileños sienten interiormente antipatía por los cabezas rapadas o nazis, 36% por los gitanos, 34% por los drogadictos, 27% por las feministas, 26% por los moros, 24% por los curas, 23% por los catalanes, 19% por los franceses, 14% por los norteamericanos, 10% por los vascos, 9% por los homosexuales, 6% por los judíos, 5% por los protestantes,

4% por personas con SIDA, 4% por los portugueses, 3% por los negros, 2% por los europeos del este, 1% por los extranjeros, 1% por los andaluces. El 30% cree que no hay suficientes trabajadores extranjeros y hay que acoger a bastantes más. El 4% piensa que hay demasiados trabajadores inmigrantes y hay que expulsar a algunos a sus países de origen.

—*Encuesta sobre racismo y xenofobia.*
Centro de Estudios sobre Migraciones y Racismo,
El País, 21 diciembre 1999

Vocabulario

ateo	atheist
bautizo	baptism
boda	wedding
cabezas rapadas	skinheads
cura	priest
(a) diez años vista	from a ten-year outlook
en cuanto a	in terms of
índice	rate
ingreso	income
misa	Catholic mass
moro	Moor (Arabian or Berber)
SIDA (síndrome de la inmuno-deficiencia adquirida)	AIDS (acquired immuno-deficiency syndrome)
paulatino	gradual

Preguntas sobre la lectura

1. ¿Cómo se perciben a los otros grupos étnicos minoritarios y a los extranjeros?
2. ¿Cuáles son los índices de tolerancia con gente de diferentes grupos?
3. ¿Qué otros datos y porcentajes se presentan de la sociedad en cuanto a la política, la religión, la permisividad sexual, el aborto, la homosexualidad…etc.?
4. ¿Qué responden los españoles de su situación personal?
5. ¿Qué otros porcentajes se mencionan en cuanto a la salud y el trabajo?
6. ¿Qué esperan para el nuevo siglo?
7. ¿Cómo son en cuanto a sus creencias religiosas?
8. ¿Qué piensan del gobierno?
9. Señale de mayor a menor los grupos que más antipatía les producen a los universitarios madrileños.

Más allá de la lectura

1. ¿Se siente Ud. feliz con su situación personal y social?
2. ¿Cómo se imagina Ud. su futuro?
3. ¿Cómo se imagina Ud. el nuevo siglo?
4. ¿Cuáles son los avances científicos más importantes de los últimos años?
5. ¿Es importante tener una fe religiosa?
6. ¿Qué piensa Ud. del gobierno de los EE.UU.?
7. Compare el racismo en EE.UU. y en España.

25

Los obispos califican de abortiva la píldora del "día después", en contra de la OMS

El fármaco es un anticonceptivo de emergencia inocuo para el embrión implantado

Javier Sampedro, Madrid, 10 mayo 2001

La inminente comercialización de la píldora poscoital (o del día siguiente) desató ayer un coro de invectivas entre los obispos españoles, que aseguraron que este anticonceptivo de emergencia provoca un "aborto" y llegaron a tipificar su uso como "asesinato" y a calificarlo de "patrióticamente inaceptable". La realidad es que la píldora del día siguiente evita la fecundación del óvulo o su implantación en el útero, pero carece del menor efecto sobre el embrión ya implantado, por lo que la Organización Mundial de la Salud (OMS) descarta que sea abortiva.

El consenso científico internacional recogido por la OMS considera que el embarazo empieza con la implantación del embrión en el útero, y no con la fecundación del óvulo por el espermatozoide. De otro modo, los 30.000 embriones congelados que las clínicas españolas de fertilización asistida guardan en sus tanques de nitrógeno líquido deberían disfrutar del extravagante estatus jurídico de embarazos extracorpóreos.

El mecanismo de acción de la píldora poscoital no se conoce en todo su detalle, pero sí se sabe de él lo suficiente como para descartar que provoque un aborto, es decir, una interrupción del embarazo. La OMS establece que "previene la ovulación, la fecundación y/o la implantación", pero excluye que tenga ningún efecto sobre el embrión ya implantado. La píldora poscoital, según este organismo de Naciones Unidas, "no es efectiva una vez que el proceso de implantación ha empezado, y no puede causar un aborto".

De hecho, el mismo principio activo, a menor dosis y administrado a diario, se usa también como una píldora anticonceptiva convencional. La píldora del día siguiente es, según el criterio científico comúnmente admitido, un método anticonceptivo, no abortivo, y el hecho de que sólo deba usarse en situaciones de emergencia se debe simplemente a que su eficacia es moderada (un 85%).

Ninguna de estas precisiones parece interesar a la jerarquía eclesiástica. En línea con la postura expresada el pasado día 27 por la Conferencia Episcopal, los obispos manifestaron ayer en implacable sucesión un rechazo sin fisuras a la comercialización del fármaco en España. "Es una píldora abortiva y un asesinato desde el momento en el que su cometido es evitar que el óvulo quede fecundado", dijo, por ejemplo, el arzobispo de Barcelona, Ricard María Carles, que añadió: "No es ni moral ni patrióticamente aceptable".

El presidente del Consejo Pontificio de la Pastoral Sanitaria del Vaticano, Javier Lozano, dijo que "la vida es un don que recibimos y que hay que defender a toda costa", y que "todo aquello que atenta a la vida no es lícitamente aceptable".

Los obispos andaluces, que celebraban ayer su 89ª asamblea en Roquetas de Mar (Almería), aprovecharon para mostrar su "gran preocupación" por el reparto gratuito de la píldora anunciado la víspera por la Junta de Andalucía. "Está en juego el concepto de persona", sentenció el obispo de Almería, Rosendo Álvarez, que luego elaboró su idea: "Es un atentado directo a la vida, puesto que se trata de que ya hay alguna vida ahí, como reconocen incluso médicos no creyentes".

Similar esquema de pensamiento mostró, en efecto, el secretario del comité de ética de la Organización Médica Colegial, Gonzalo Herranz, que declaró a Europa Press que la píldora "destruye la vida humana naciente" y que la objeción de los médicos a administrarla está "más que justificada". Según Herranz, hay un problema semántico derivado de que la federación internacional de obstetricia y la OMS decidieron hace años fijar el inicio del embarazo no en el momento de la concepción, sino en el de la implantación o anidamiento del embrión en la pared del útero.

Las dos presentaciones de la píldora del día siguiente que se comercializarán en España son NorLevo (de Alcalá Farma, que estará en las farmacias mañana) y Postinor (de Schering). Su precio de venta será de unas 3.000 pesetas. Se trata de dos nombres comerciales del levonorgestrel, una hormona sintética similar a la progesterona. Su eficacia media para evitar el embarazo es del 85% cuando la primera pastilla se toma antes de que transcurran 72 horas del coito, pero lo mejor es darse toda la prisa posible, porque la eficacia es máxima (95%) si se empieza el primer día tras el coito, y menor cuanto más tarde (85% en el segundo día y 58% en el tercero).

Se tome cuando se tome la primera pastilla, siempre es esencial tomar la segunda 12 horas después de la primera. Luego, hasta que llegue la primera menstruación, es preciso evitar el coito o practicarlo usando muy cuidadosamente un condón u otro método de barrera, ya que las dos pastillas no ofrecen ninguna protección durante ese período.

Ampliación de la lectura

La nueva píldora anticonceptiva, la poscoital o del día siguiente, tiene un precio elevado que no corresponde a su valor de laboratorio. Precio religioso: acuerdo entre el Gobierno y las autoridades ilícitas, las religiosas lo son sólo para quienes forman con ellas la Iglesia. Los precios bárbaros se consideran disuasorios en favor de la población: los de tabaco, alcohol, drogas, deben liberar al pobre de su daño. Precisamente a él, que sufre gratis tantos daños y enfermedades. Las hijas de las autoridades políticas y económicas, las víctimas de las religiosas exaltadas, no tendrán dificultad para comprarlas. Tres mil y pico pesetas poscoitales no son nada en comparación con las copas y las alcobas precoitales. Tampoco era gran problema el viaje a Londres cuando el aborto y los anticonceptivos eran ilícitos.

Las otras chicas, ya se sabe: hace dos o tres días una dejó una niña abandonada, que murió, para ocultar lo que se llama "su desgracia". Otras tienen más suerte y no salen; otras se aguantan y tienen el niño, y las deja el novio, y el padre, y los vecinos. ¿O creen de verdad que estamos en el siglo XXI? Receta de médico, para que el acto no quede oculto, y dinero suficiente: en ese caso, la moral sobre la vida del que no va a nacer queda cubierta. Además, no son abortivas: los monseñores exageran. Evitan el embarazo que no pudo salvar el condón roto, o la gozosa urgencia, o la píldora olvidada. O el amor. Gratis, sin receta, a precio de aspirina, en la Seguridad Social: cuando vengan los nuestros será así. Pero ¿quiénes son los nuestros?

Y la eutanasia. Nadie debe disponer de la vida de nadie. Excepto su dueño. No me digan que es Dios, porque no estoy para bromas. Estas dudas de la elección de la muerte "pasiva", o sea, el derecho católico a no aplicarse supervivencias artificiales, las prohibiciones sobre la ayuda directa o la aplicación de la muerte a quien no resiste más la vida de dolor, no tienen sentido: son daños, maldades. El Papa no tiene que pedir perdón a los ortodoxos. Pídanoslo a nosotros. Que nos lo pida el Gobierno, que es confesional clandestino. (Ah, el latín: "después del coito,

todo animal está triste", decía Ovidio. Galeno matizaba: "excepto la mujer y el gallo". Yo siempre estuve contento. No seré animal).
—*Post coitum omne animal triste.*
Eduardo Haro Tecglen, El País, 10 mayo 2001

La Iglesia ha vuelto a reaccionar con estridencia contra la comercialización a través de las farmacias de la llamada píldora del día siguiente, un combinado hormonal, aprobado en marzo pasado, que evita que el óvulo sea fecundado y anide en el útero. Las iras de los sectores eclesiásticos más conservadores se han exacerbado al conocer que las comunidades de Andalucía y Madrid han adoptado, además, la decisión de facilitar gratuitamente este fármaco en los servicios de urgencias y en los hospitales públicos. Como ya hiciera la propia Conferencia Episcopal cuando la píldora fue autorizada, los portavoces de esta institución han vuelto a calificar de "asesinato" el recurso a este sistema anticonceptivo de emergencia.

Nadie está obligado a utilizar la píldora del día siguiente. Las personas que consideren que ello atenta contra su moral son libres de abstenerse en caso de haber incurrido en un coito de riesgo. Pero no sería lícito imponer esa restricción a quienes no tienen el mismo criterio. Ocurre, además, que las posiciones de la Iglesia se amparan en criterios que contravienen las evidencias científicas. Equiparar la píldora del día siguiente a un aborto es, como mínimo, un abuso argumental. La píldora actúa impidiendo que el óvulo sea fecundado, algo que también evita el preservativo y, si apuramos el argumento, hasta el coitus interruptus. Si se toma más tarde, cuando el óvulo ya ha sido fecundado, impide que anide. Siguiendo criterios consensuados por la comunidad científica, la Organización Mundial de la Salud considera que sólo existe embarazo cuando el embrión ha anidado. De modo que no se trata de un método abortivo.

La Iglesia está en su derecho a censurar su uso, como lo hace con otros anticonceptivos, lo que resulta abusivo es que lo califique de aborto frente a toda evidencia científica. Si la Iglesia afrontara los problemas de la sociedad actual con menos dogmatismo y más piedad, sería sensible al dolor que la píldora del día siguiente puede evitar. En España se producen cada año 18.000 embarazos en menores de 19 años, la inmensa mayoría de ellos no deseados. ¿Cuántos niños nacen sin ser queridos? Cada día, por término medio, una chica aborta y otra da a luz. Éste es el problema que tratan de afrontar las autoridades sanitarias al permitir la comercialización de la píldora del día siguiente, un fármaco que, por otra parte, ya se recetaba como fórmula magistral en determinados centros de atención sanitaria. Ahora se trata simplemente de facilitar el acceso. Y desde este punto de vista, sería aconsejable que otras autonomías siguieran el ejemplo de Madrid y Andalucía.

—Píldora.
El País, 11 mayo 2001

El Gobierno regional de Madrid facilitará la píldora del día siguiente a través del Centro Joven de Planificación. Esta pastilla poscoital que evita el embarazo fue recetada el año pasado en Madrid, en su anterior formato, a 1.624 muchachas sólo en este servicio, y recomendada a través de una línea 900 a otras 7.122. En 1998 se interrumpieron 991 embarazos en Madrid, entre ellos siete de niñas de 14 años, según datos de la Consejería de Sanidad. La tasa de embarazos no deseados entre chicas de 15 a 19 años en la región es de 5,8 por mil. La Junta de Andalucía también la proporciona gratis en los hospitales de la región.

—La "píldora del día siguiente" se repartirá
gratis en Andalucía y Madrid.
El País, Sevilla, 9 mayo 2001

Los representantes de algunos farmacéuticos consideran excesivo el precio, unas 3.100 pesetas, al que se venderá la píldora poscoital a partir de hoy. "La píldora poscoital no es ninguna novedad terapéutica". "Es una dosificación específica, pero es prácticamente lo mismo que lo que ya existía, y no se justifica que su precio se multiplique por cinco o seis". Hasta ahora, los anticonceptivos orales habituales de ingestión diaria se administraban en dosis más altas —el llamado pildorazo— para que funcionaran como anticonceptivos de emergencia. El precio de todo ello no llegaba a las 500 pesetas.

"Toda esta campaña le viene bien a los laboratorios para vender su producto cinco veces más caro, y a los políticos para apuntarse una medalla a costa de un medicamento que no aporta nada nuevo". La secretaria socialista de Políticas Sociales anunció además que las comunidades gobernadas por el PSOE que tienen la sanidad transferida seguirán el ejemplo andaluz y facilitarán la píldora gratuitamente. El cardenal presidente del Consejo Pontificio para la Familia insistió en que se trata de una "píldora abortiva" y se preguntó "con qué derecho se cambia el concepto de lo que es la concepción" para justificar su uso.

—Los colegios de farmacia critican el
precio excesivo de la píldora poscoital.
Leonor García, Málaga, 11 mayo 2001

España, con 18.000 embarazos en menores de 19 años, está entre los países europeos con mayor tasa de embarazo juvenil no deseado. Cada año se quedan embarazadas 12 de cada 1.000 chicas de entre 15 y 19 años. Se estima que cada día una chica aborta y otra da a luz. La mayoría de estos embarazos son consecuencia de relaciones sexuales sin protección, o fallos de los anticonceptivos. Cuarenta mil jóvenes que han hecho el amor sin protección reciben cada año el tratamiento poscoital conocido como la píldora del día siguiente. Dicha píldora debería usarse sólo como remedio de emergencia y evitar su uso frívolo. En España este anticonceptivo de emergencia sólo se puede obtener con receta médica.

—*Trabas a la píldora del día siguiente.*
Mar Mediavilla, Barcelona, y
Ana Pantaleoni, Madrid, 14 marzo 2000

El Ministerio de Sanidad acaba de aprobar una nueva píldora del día siguiente que no contiene estrógenos y cuyos efectos secundarios son menores. Esta píldora poscoital se venderá en las farmacias con receta médica. Su eficacia es de un 99% si se toma durante las 24 horas después de haber mantenido relaciones sexuales. Este método anticonceptivo de emergencia se utiliza en España en más de 40.000 ocasiones al año sobre todo por mujeres entre 20 y 25 años y su uso va en aumento. Este medicamento no tiene nada que ver con la píldora abortiva RU-486. La Iglesia ha protestado señalando que la píldora es equiparable al aborto y, por tanto, a un crimen.

—*Sanidad autorizará en febrero la venta*
de la "píldora del día siguiente".
Mabel Galaz, Madrid, 21 noviembre 2000

El PSOE e Izquierda Unida (IU), así como asociaciones de mujeres solicitan la financiación pública de la píldora para solucionar el problema de los embarazos no deseados. La Iglesia considera el uso de este medicamento como "una forma de aborto equiparable a un crimen".

—*PSOE e IU piden que la Seguridad Social*
financie la píldora del día siguiente.
El País, Madrid, 24 marzo 2001

Vocabulario

anidar	to implant
apurar el argumento	to cut the argument short
bárbaro	cruel; daring; frightful
creyente	believer
desatar	to unleash
descartar	to dismiss
desgracia	disgrace
disfrutar	to enjoy
disuasorio	deterrent
don	gift
esquema	system
estridencia	loudness; raucousness
exaltado	extremist
extracorpóreo	in vitro (outside the body)
fijar	to fix
invectiva	tirade; long angry speech
ira	ire, wrath
lícitamente	legally
magistral	masterly
maldad	evil
medalla	medal
pastilla	pill
piedad	piety
pildorazo	superpill
portavoz	spokesperson
postura	position
precisión	clarification
recurso	recourse
trabas	(in context) hindrances; snarls
víspera	evening before; on the verge

Preguntas sobre la lectura

1. ¿Cómo perciben los obispos la píldora poscoital?
2. ¿Qué es la píldora poscoital según la OMS?
3. ¿Cuál es su mecanismo de acción?
4. ¿Qué es la concepción según los científicos?
5. ¿Cómo responde la Iglesia al criterio científico sobre la píldora?
6. ¿Qué dijo el presidente del consejo Pontificio?

7. ¿Qué dijo el obispo de Almería?
8. ¿Cuánto cuesta y cuál es la eficacia de la píldora?
9. ¿Cuál es su precio religioso?
10. ¿Cuáles son los argumentos en favor de la píldora?
11. ¿En qué se apoyan las posturas de la Iglesia?
12. ¿Cuáles son los argumentos de la Iglesia?
13. ¿Qué cifras se citan de embarazos y de administración de la píldora en Madrid y Andalucía?
14. ¿Qué piensan algunos farmacéuticos del precio?
15. ¿Quiénes ganan con la comercialización y venta de la píldora?
16. Resuma la posición de Haro Tecglen. ¿Está Ud. de acuerdo?

Más allá de la lectura

1. ¿Cómo cambia el sistema de valores de la gente con las nuevas tecnologías reproductivas?
2. ¿Dónde y quienes deberían de evaluar los nuevos avances médicos como la píldora poscoital?
3. ¿Qué complicaciones pueden surgir con el embarazo extracorpóreo?
4. ¿Cuáles son las mejores soluciones para los jóvenes sexualmente activos en EE.UU.? ¿En España?
5. ¿Qué importancia tiene la religión en las determinaciones políticas de EE.UU.? ¿De España?